韦康博◎著

股权之争

万科还是“万科”吗

SPM
南方出版传媒
广东经济出版社
·广州·

图书在版编目（CIP）数据

股权之争：万科还是“万科”吗 / 韦康博著. —广州：广东经济出版社，2017. 11

ISBN 978-7-5454-5752-0

Ⅰ. ①股… Ⅱ. ①韦… Ⅲ. ①房地产企业－企业收购－研究－中国
Ⅳ. ①F299. 233. 3

中国版本图书馆CIP数据核字（2017）第199521号

出版发行	广东经济出版社（广州市环市东路水荫路11号11~12楼）
经销	全国新华书店
印刷	北京盛兰兄弟印刷装订有限公司（北京市大兴区黄鹅路西临89号）
开本	787毫米×1092毫米 1/16
印张	15
字数	158 000
版次	2017年11月第1版
印次	2017年11月第1次
书号	ISBN 978-7-5454-5752-0
定价	49. 80元

如发现印装质量问题，影响阅读，请与承印厂联系调换。
广东经济出版社常年法律顾问：何剑桥律师

vanke

前言

从2015年7月开始，“宝能系”旗下的前海人寿和钜盛华分别在二级市场持续购买万科股份，截至当年12月24日，“宝能系”共持有万科24.26%的股权，成功取代原第一大股东华润的位置。为抗击“野蛮人”的入侵，以王石为代表的万科管理层不得不四处寻找同盟。然而，万科前院的火势还未扑灭，后院又开始着火。作为相交十多年的盟友，华润居然在这一特殊时刻选择了支持“宝能系”，这让万科管理层难以接受。

不过事情远没有表面看起来这么简单，此后近两年，深铁、恒大、安邦等相继加入战争，“万宝之争”演变成一场名副其实的“多方混战”。其中，最受关注的问题还是万科会不会倒下，会不会成为被众人争夺的“唐僧肉”。

2017年1月7日，在一场论坛现场，王石回忆起当初万科股改的情况，不禁感慨万千，他说：“当年万科股改时，国家占股60%，企业拥有40%，但是这40%应该如何分成了一个问题。作为创始人，我决定不要，其他人又怎么敢要？这就不存在分配的问题了。如今看来，正是这个‘不要’留下了弊端。但是如果还有一次选择的机会，我想我依然会选择‘不要’。不过我也不要求万科高管做圣人，如果有人想离开万科自己创业，我全力支持。如今，万科要启用合伙人制度，除了薪资，大家也要共享收益，这也是万科未来的出路。”

事实上，万科股权争夺战是资本市场化与法治化的一次较量，也给其他上市公司上了一堂生动的股权课。万科股权大战剧情跌宕起伏，主角变更迅速，从“宝能系”的姚振华到恒大的许家印，再到深铁的深圳国资委，但是无论如何变化，万科还是原来的万科，经历了一场血雨腥风，它依然坚守在自己应有的位置上。

目前，险资举牌让上市公司大股东不敢轻易减持套现，许多上市企业不断地修改公司章程，以增加抗击“野蛮人”入侵的砝码。无论是前海人寿举牌南玻A，还是恒大举牌廊坊发展，抑或是这次宝能举牌万科，都表明有些事情的发生存在着一定的必然性。

2015 年股灾后，银行理财资金收益率不断下降，大量资金涌入收益较高的投资类保险产品。万能险促进了许多中小保险公司的崛起，然而万能险属于保监会管理的范畴，不归证监会管，因此存在监管盲区。另外，优质蓝筹股估值不高，这都为万能险举牌收购优质蓝筹股提供了便利条件。

2016 年 7 月 4 日，万科复牌，此后股价一路下跌，逼近宝能资管计划增持的平仓线。就在姚振华面临爆仓时，恒大的许家印在 7 月 29 日加入了战争。截止到 11 月 29 日，恒大共用 362. 7 亿元买入15.5亿万科股，持股比例占总股本的14.07%。至此，万科股权之争的主角由姚振华变成许家印。最终，宝能、华润、恒大、安邦成为万科前四大股东。但是恒大持股成本最高，平均价格为每股23.35元；宝能与安邦相差不多，每股17元左右；最低当属万科管理层，每股还不到10元。

直到2016年最后一个交易日，万科股价已跌破恒大成本价，导致恒大亏损40多亿元。在王姚争夺最激烈的时候，恒大本想乘乱而入，只可惜未能如愿。隔岸观火许久的恒大也没有想到自己会走到骑虎难下的境地，加上监管的强压，恒大不得不做出表态——放弃万科控股权，并将自己的万科股权悉数转让给深铁。2017年6月9日晚间，恒大以292亿元的价格，将自己及子公司所持有的15.53亿股万科A股出售给深圳地铁集团，约占万科总股本的14.07%。至此，宝万之争走向尾声。此次交易完成后，深铁持有万科29.38%股份，超过宝能系25.4%的持股比例，成为其第一大股东。宝能系退居第二大股东。这对万科管理层而言，自然是一件值得庆贺的事。

作为中国最大的房地产开发商，万科拥有优秀的管理结构和人文环境，而如今，万科董事会换届获得股东大会通过，王石正式卸任万科董事长，郁亮接棒。深铁集团通过协议受让华润股份及恒大地产所持万科股份，为万科第一大股东，持股29.38%。宝能系为第二大股东。进行了两年多的万科股权大战也终于尘埃落定。

目前，万科已被划入深圳国资委旗下，对此，有人提出质疑：

这是否会影响万科中小股东的地位？万科总裁郁亮表示：“深圳国资委作为万科的大股东，曾表示全力支持万科的各项发展，绝对不会破坏其他股东的权益。所以，‘野蛮人’干掉万科的计划注定会落空，万科也绝不会成为一个倒下的万科！”而深铁董事长林茂德也主动回应：“我们不会干预也不会插手万科的具体经营。”

其实，像万科股权争夺战这样的经典案例，以前几乎没有出现过，因此，这场争夺战也为监管治理、公司决策、组织形态、法律条件等方面的研究提供了更为详细的参考。而渡过这次难关的万科，此后在资本市场上的每一步都将更加谨慎。

目录

PART 01

CONTENTS

股权之争
宝能与万科的太极对决

vanke

PART 02

紧急救赎

昔日盟友为何不能助其一臂之力

PART 03

CONTENTS

万科危局
华润与宝能的强势利益联盟

vanke

PART 04

舆论之眼
支持王石，还是拥护宝能？

PART 05

CONTENTS

“毒丸计划”
万科抵制敌意收购的后发力量

vanke

PART 06

收购巨资

宝能“低调增持，突击上位”的秘密

PART 07

CONTENTS

再欲入股
伸向万科的“潘多拉之手”

vanke

PART 08

百亿救赎
恒大举牌跃居万科第三大股东

PART 09

CONTENTS

“联姻深铁”
曲线救国缘何遇阻？

vanke

PART 10

助攻底牌
黑石注资如何达到目的

PART 11

CONTENTS

最大赢家

离开了王石，万科还是万科吗？

vanke

PART 01

股权之争

宝能与万科的太极对决

“万宝之争”由来已久。早在2015年年初，“宝能系”便开始布局进入万科，直至当年年底，股权争夺大战才正式拉开序幕。随后，以王石为主的万科管理层、“宝能系”、央企华润、深圳地铁相继加入战局，使得这场原本只有两方参战的争斗，变成了多方“混战”。

然而，王石等人对此应该早有预料，因为早在万科成立之初，这样的事就已经注定会发生。当时，万科股权与投票权的归属问题没有得到根本解决，万科本是国企，在漫长的发展过程中却未能解决企业所有者这一重要问题，使其管理层因缺乏股份而总处于弱势。在资本市场，失去控股权的管理者向来很被动，要么被踢出局，要么两败俱伤。

这场“万宝之争”让原本不被人熟知的“宝能系”变得家喻户晓，它的实力不容小觑。那么，当房产行业的标杆企业碰上企业界的“潜伏力量”时，二者会擦出怎样的火花？可以肯定的是，这场公开的角逐，终究会成为中国企业史上极鲜明的一笔。

一场耐人寻味的股权收购大战

2015年，中国的资本市场出现了一场大战——深圳“宝能系”突然大举收购万科股份，力争第一大股东之位。执掌万科三十余载且一直崇尚情怀主义的王石怎么也没有想到，在步入花甲之际，他竟然要面临被一个神秘的、以卖菜起家的潮汕人踢出局的险境。

但事实是，“宝能系”不惜一切，以400亿高价买下万科24.81亿股股份，占万科总股本的24.26%，成为第一大股东。而原本的第一大股东华润仅持股15.29%，立即让位，并且一直未作实质性的表态，即便被外界追问，也只是一致回应：“对此，不予置评。”“宝能系”旗下的钜盛华、前海人寿等企业实力雄厚，从2015年开始，持续高价收购万科A股。收购方式是多个账户同时进行的，因此成功规避了监管方面披露信息的义务，很快便成为万科第一大股东。

对于此种收购行为，有人称其为“野蛮人的入侵”。但事实上，尽管万科是国内房地产行业的龙头企业，品牌、信誉度、口碑都数一数二，但其股权太过分散，在“野蛮人”入股前，最大的股东华润也只不过持股15.29%，这样的持股结构在资本的强势攻击下，必然不堪一击。

值得一提的是，对于“宝能系”的行为，万科一开始是欢迎的。

但当“宝能系”持有万科股份达到10%的时候，王石坐不住了，明确表示不欢迎“宝能系”成为第一大股东，因为它“信用度不够”。王石的言外之意就是，在国内地产界，“宝能系”的总体实力不能与万科相提并论。在王石看来，“宝能系”的资金来源不明，获得牌照的过程不明，甚至在收购企业时，其手段也不完全透明，因此，王石担心宝能的信用问题会损害万科的经营理念。

不过，“宝能系”仍旧坚持己见，声明旗下公司合法、合规经营，没有任何问题，并宣称相信市场的力量。

那么，向来行事低调的“宝能系”，为何要斥资数百亿元强势入股万科？

其实，“宝能系”在房地产行业摸索已久，且颇具规模，可是许多项目的融资成本远远超出10%。而万科的信用评级向来较高，一直保持在3A，低廉的融资成本就可以带来不到4%的发债票面收益率。为此，“宝能系”才有了收购万科的心思。原本，融资成本的高低取决于万科的财报，这和做不做万科的第一大股东关系不大，但若是“宝能系”借助万科这个平台，注入自身的地产项目，在资产负债率不变的前提下，融资成本必将下降很多。这对于“宝能系”而言，绝对是求之不得的事情。

除降低项目融资成本外，“宝能系”还是一个家族企业，与万科这种规范化企业的运作模式完全不同。“宝能系”极有可能会掏空上市公司，为自己赢得利益。毕竟“宝能系”此举酝酿已久，不可能只甘愿做万科的第一大股东，况且收购万科这样的优质上市公司，还能给自己带来相当高的经济效益。

另外，按照常理，当“宝能系”持有万科20%的股份后，就会立即转为权益法核算。这意味着它的前海人寿与钜盛华，将按一定的比例获得万科的净利润。倘若买入的成本在300亿元，而万科的净利润始终能保持在200亿元左右，那么净资产收益率将会达到12%，“宝能系”必将受益匪浅。

但是“宝能系”收购万科时所凭借的并非自有资金，而是动用了资金杠杆、资产抵押等方式，这会给被收购的企业带来巨大风险。然而，万科并不是“宝能系”在资本市场的唯一猎物。在此之前，“宝能系”就已经先后入股数十家上市公司。而除了在内地资本市场逐步扩大版图外，香港也是它的目标，在悄然运作下，港股“中国金洋”已成为“宝能系”在香港资本市场的一大亮点。

“宝能系”的实际控制人是姚振华，在入股万科前，他的名字并不为众人知晓。毕业于华南理工大学的姚振华是广东潮汕人，多年来一直行事低调，除非迫不得已，否则绝不出现在公众视野。除姚振华外，“宝能系”还有一个人物特别神秘，此人便是姚振华的胞弟姚建辉。据相关资料显示，姚建辉曾经在2010年担任过宝能集团的法人代表及董事长等职务，此后，姚氏兄弟便多次互换董事长、总经理等职位。曾经，姚氏兄弟的关系一直是个谜，直到“万宝之争”才被公众所知。

在入主万科前，姚氏兄弟就通过资本运作，掌控了香港上市公司世达科技70%的股份，这家企业就是前文所说的“中国金洋”。其后，他们又先后入主近十家内地上市企业，成为它们的重要投资者。据说，姚氏兄弟曾经一同在深业集团工作过，后来辞职下海，开始时是贩卖蔬菜，后来才有了今天的“宝能系”。

而恰恰是依靠蔬菜生意起家的姚氏兄弟，通过不断努力，在市场上描绘出了一个宏伟的资本蓝图。在这个蓝图中，房地产是最大产业，前海人寿则是最核心的金融平台。前海人寿之所以强大，是因为它仅用3年时间就达成了中国平安16年才实现的目标。“宝能系”正是仰仗这个核心金融平台，打造出一个横跨金融、地产、文化、物流等产业领域的资本帝国。

“宝能系”的主营业务包括以下四个方面：

（1）物流。“宝能系”的物流产业已然非常成熟，不但专业市场、物流中心等各类配套设施齐全，仅深圳的物流园区就有1000多亩。其物流集团还是我国最早的现代物流服务企业之一，在国内已有8个专业市场。有资料透露，“宝能系”的物流集团已经将目光转向更加高端的国际化服务市场。

（2）金融保险。“宝能系”金融保险业务的核心平台是前海人寿，法人代表就是姚振华。除前海人寿外，还有另外六家企业涉及与金融保险相关的业务。

（3）文化旅游。文化旅游已成为“宝能系”未来具备核心竞争优势的业务之一，目前已在全国主要旅游区形成了多个具有综合效益的旅游产业化聚集群。

（4）民生与医疗。“宝能系”已经布局了一项名为“广州宝仁医院”的项目，并表示在接下来的5到10年内，在全国创建20多家三甲综合医院，打造一个大型的综合医疗集团。目前，姚氏兄弟通过“宝能系”控股的核心企业已高达50家，而未来，这个数字将会越来越大。

尽管姚氏兄弟的作风低调而神秘，但伴随着“万宝之争”的逐渐升级，他们的野心已经完全显现，举牌万科只不过是他们计划中的第一步而已。姚氏兄弟有着潮汕商人的冒险精神，这次举牌万科，其收购资金也启用了两倍杠杆。但是对于万科和“宝能系”而言，资金已然不是决定这场股权争夺战走向的唯一筹码。

宝能增持万科是否具备合法性

2017年2月6日，万科员工被一篇在网络上迅速扩散的自媒体文章——《万科隐秘较量：一份判决击垮姚振华》搅得心慌意乱。这篇文章指出万科工会在2016年7月，诉讼“宝能系”旗下的钜盛华、前海人寿、南方资本、泰信基金、西部利得基金损害了广大股东的权益，并根据深圳市罗湖法院和深圳市中级人民法院出具的民事裁定书，得出了万科工会获得胜诉以及“宝能系”上诉失败的结论。

这一结论引发了巨大反响。其实，在这场官司最初打响时，就有人分析称，万科工会的诉讼请求隶属行政监管，按照相关规定，法院难以在证监机构未做出相应监管结论前做出认定，因此这篇文章疑点重重。而事实是，这一案件根本没有做出最终宣判。

其实，万科工会诉讼的理由是：“宝能系”在增持万科A股中违规披露相关信息，其首次举牌后的增持行为均属无效，并且其持有的万科A股无法行使具体的股东权利。而“宝能系”针对管辖权提出异议，认为该案标的额较大，且涉及众多关于股东权利的新型法律问题，只有广东省高级人民法院才有管辖权。然而，深圳市中院已经就管辖权做出终裁，裁定仍由罗湖区法院管辖，对案件本身仍未做出有效判定。因此，裁定只明确程序上的问题，而判决才是实体争议问题的最终结论。

不过，相关人士引用“上海新梅”一案认为，万科工会诉讼“宝能系”的成功率并不高。

在“上海新梅”一案的判决中，上海一中院判定的理由是，尽管证监局已经处罚了举牌股东超出比例而未公告的行为，但此次交易过程仍具法律效力，至于是否要限制持股被告的股东权利，关键在于被告是否已经改正了违法行为。当然，这也不是说责任主体能免除相关法律责任。

在此次“万宝之争”中，除保监会暂停前海人寿的万能险业务外，并未有其他监管机构给“宝能系”增持万科的违规行为定性。一些法律界人士指出，在“万宝之争”发生时，相关法律法规对保险资金融入上市公司的股权投资并未有明确规定。而外界质疑“宝能系”的主要理由是，它直接持有万科股票的险资和资管计划，在如今的法律体制下，结构化的资管计划地位模糊。

正是上述缘由导致法院迟迟未判。在当时的情况下，“宝能系”是否会主动退出万科？

抛开“万宝诉讼”不谈，事实上，“宝能系”在这场股权争斗中已逐渐趋于劣势，因为它面临着两个主要难题：第一，险资监管的深入侵袭；第二，万科已有深铁相助，“宝能系”渐渐陷入被动境地。深铁加入后，2016 年 7 月 13 日，“宝能系”立刻转变态度，公开发表声明支持万科有序发展，并宣称自己是“财务投资者”，这与当初所声称的“战略财务投资者”完全是两个概念。

据业内人士透露，万科工会在诉讼“宝能系”时也预料到可能会败诉，但这是一种狙击“宝能系”侵犯的防御性手段，所以不得不坚持。从现在来看，这只是一个单方面的起诉行为，对万科股东大会、董事会换届选举的召开与表决并没有太大影响。

据相关资料显示，“宝能系”其实早已萌生退出万科的决心，但是一直没有商讨出一项成熟的方案，从而将损失降低到最小。而且作为万科的第一大股东，“宝能系”有一年的持股锁定期。也就是说，“宝能系”在一定的期限内，不能将所持的股票转让出去，而且它在 2016 年 7 月万科 A 股复牌后仍然增持，所以，锁定期延长至 2017 年 7 月。

在这场“万宝之争”中，万科所采取的反击手段是行政途径与司法途径相结合。在万科管理层看来，举报信这样的行政方式毫无效果，民事诉讼至少还会有一个结果，只是时间问题而已。

然而，“万宝之争”的影响力巨大，引发了全社会的关注。广大民众希望法律审理程序能够透明化，公开各部分信息，最终在完全符合相关规定的前提下，结束这场持久战。

众多金融与法律界人士指出，“万宝之争”同时也表明，“三会分立”（股东大会、董事会、监事会）会致使金融监管“飞地”（不与本区域毗连但隶属某一行政区管辖的土地）及险资投资非金融上市公司出现许多问题。因此“宝能系”的做法即便遵守了游戏规则，对于万科而言也极度危险。

其实，万科大张旗鼓起诉“宝能系”的主要目的是“在结果出来前限制某些股东的权利”。若是法院支持万科的诉求，那么作为大股东的“宝能系”将无权参加 2017 年 3 月的万科董事会改选。

2017 年 1 月 20 日，华润将持有的万科股权转让给深铁后，万科的股权结构发生了巨大变化：“宝能系”、深铁、恒大位列万科前三大股东之位，持股量分别为25．4%、15．31%、14．07%。值得一提的是，尽管恒大只持有14．07%的股权，但若是加上其盟友所持的H股，恒大所拥有的股份也许会超过16%。根据万科的章程规定，持股期限超出180天、数量超过3%的股东，有提名非独立董事候选人的权利。在这一点上，包括“宝能系”在内的几大股东均有资格。

据悉，持股量高于8．4%的股东在万科董事会上都有席位。因此，“宝能系”至少能获得3个董事会名额，而深铁、恒大、万科管理层有1个或2个席位，即使安邦的持股份额无法确保拥有1个席位，但安邦依然可以通过联合其他股东，推举出几名董事。而“宝能系”只要能在万科董事会获得3个席位，就能撼动万科原管理层的自主权。因此，真正的股权之争从万科董事会改选开始。

“宝能系”退出万科股权争夺战的传闻

据业内相关人士透露，在2016年11月初，“宝能系”已有退出万科股权之争的想法，但是具体方案仍然在进一步协商。“宝能系”大当家姚振华与万科掌门人王石也曾经秘密沟通过几次，只不过双方最终都没有统一意见。据一位知情者称，“宝能系”当时提出以1500亿元人民币高价，将自己持有的万科股权全部转让出去，但遭到了万科管理层的消极对待，再加上暂时未找到合适的受让方，双方也就没有再多做协商。对此，万科集团董事会秘书朱旭的回应是：“对于这件事情，我也不是很了解。”据说，“宝能系”当时也在频繁接触恒大，以商讨转让股权事宜。

截至2016年9月30日，“宝能系”手中积累的筹码已经很多了，因此，1500亿元的开价虽高，但并不荒唐。更何况恒大那时持续增持万科A股至14．07%，致使股价节节高升，所以“宝能系”收获颇丰，无须担心资金和爆仓问题。

对于“宝能系”而言，其面临的巨大压力主要来自政府监管部门。在资本市场，中国证监会相关负责人曾明确指出：“现在有一些企业使用来历不明的资金，对其他企业实施恶意杠杆收购和举牌，从‘野蛮人’升级为‘匪徒’。若是有人胆敢挑战法律的权威，那么最后一定会为自己打开牢狱之门。”紧接着，保监会开始采取积极行动。2016年12月5日，保监会向外界发布公告，停止“宝能系”旗下的前海人寿实施万能险的新业务，并派检查组调查其互联网保险业务。

抛开其他不谈，仅是停止万能险新业务，就等于绑住了前海人寿的手脚，因为万能险几乎占据其收入的90%，一旦现金流被切断，紧随其后的便是流动资金出现巨大风险。然而可以断定的是，“宝能系”退出万科股权之争的大方向一直未曾改变。

而今，万科股权之争已尘埃落定，但在当时随着深铁增发股权重组预案的截止，“宝能系”与万科管理层的时间所剩无几。事实上，保监会的公告预示着继续深铁重组预案绝无可能，即使今后万科欲重新抛出重组策略，也将与深铁无关。但是在2017年3月的万科新一届董事会改选之前，“宝能系”的选择将直接影响到最后的结局。

2017年3月7日，万科发布对外公告称，隶属于公司大股东“宝能系”旗下的钜盛华，在当月3日解除了质押给深圳鹏华资产管理有限公司的万科A股，并已在有关部门办理完结相关手续。此次解除质押的部分万科A股，几乎占万科总股本的2%，市值高达30多亿元人民币，皆是钜盛华在2015年年中质押给深圳鹏华资产的。此外，钜盛华约有7%的万科A股，也处于质押状态。

那么，钜盛华为何要这么做？

股权质押其实就是出质人急需一笔资金，但一时无处可寻，于是便将手中所持有的一些公司的股份暂时抵押给另一家企业，以填补资金空缺。一般情况下，出质人会事先采取特殊手段抬高手上的股价，以便被质押的股份拥有更高的价值。

如此说来，钜盛华的目的无非两个：一是扩大融资；二是获得大量流动性资金，以增强自身实力。当然，还有一种可能就是质押到期。但无论哪一种情况，只有解除股权质押，并到达大股东股票解禁期，“宝能系”才能抛售手上的25.4%的万科股票。

所以说，解除股权质押是抛售股权的前提。若是解禁期结束但股票质押尚存，那么这部分股票便无法在二级市场自由买卖。倘若质押行为是钜盛华心甘情愿为之，那么它的最终目的或许就是售出万科股票。

不过，按照姚振华的具体情况来看，他绝不会轻易将手中所持有的25.4%的万科股票随意砸掉，否则万科必定会立即崩盘，广大散户也绝对不会罢休，所以只好大额转让。可是接这么大的盘并不容易，无论是谁将其收入囊中，在一定时期内，万科股价都会出现一些波动。

万科散户：宝能，信你真心不容易

在万科股权争夺战持续许久后，最后的董事局席位之争，再次将事态推向一个新高潮。2017 年 3 月 16 日，恒大更是将手上所持有的 14. 07%万科股份一年表决权全部委托给深铁。如此，深铁在万科的表决权便擢升至 29. 38%，成为比例最高的股东，这给原本就纷争激烈的国内经济市场带来了更大震撼。最重要的是，原本持有 25. 4%的第一大股东"宝能系"，一夜之间沦为第二，甚至连最起码的表决权都可能保不住。看来，这场股权大战愈发精彩了。

然而，万科A股的小股东却对恒大此举表示欢迎，毕竟投资者最不乐见的就是事态左右摇摆，更何况，当时正是各方深谋远略之时。

"万宝之争"开战以来，万科和"宝能系"之间的猜忌逐步加剧。虽然"宝能系"已成为万科的第一大股东，但之前一直被当作"野蛮人"，又有不光明的前科，万科处处提防、拒绝接纳也在情理之中。

在未正式进入万科董事会前，"宝能系"所有的承诺都只是随口说说，只要进入万科董事会，其所有行为必将对万科产生巨大影响。至于万科小股东为何对"宝能系"百般提防，以至于认为它不值得信任，主要有以下这样一些原因。

（1）"宝能系"曾因涉嫌多样违规而受到相关部门的处罚。保监会在对"宝能系"下属的前海人寿的处罚中明确指出，前海人寿对万科举牌的众多行为，应该被看作重大股票投资。但其综合偿还实力不足150%，且股票投资管理实力登记尚未达成，所以需要减持万科股份。

而且，前海人寿的股权被掌舵者姚振华等人大量质押再融资，比例一度高达83.52%，然而融资方大多都不具备保险公司股东资格，因此必须取消质押。同时，前海人寿与“宝能系”其他公司的一些交易举动，实际上是一种挪用侵占保费以协助其实际控制者收购万科等上市公司股权的行为。

众所周知，真正享有股东权益的人是投入了资金的人。而“宝能系”购买万科股权的资金是运用“资本杠杆”的方式得来的。所以，“宝能系”的代劳行为被认为不值得信任。

（2）“宝能系”此前还血洗过深圳另一家上市公司——南玻集团。2015年，“宝能系”大举进攻南玻，利用二级市场逐步增持，通过5次举牌及定增，迅速成为南玻的第一大股东。其中有一个细节令人难忘，“宝能系”与南玻达成协议后，立即对南玻内部展开大清洗：副总裁张柏忠被迫离职，9名董事会成员中有4名先后出走。

如此，还有谁敢相信“宝能系”是友善的？万科原管理层和股东也不傻，若是让“宝能系”顺利进入董事会，他们的未来将会怎样？这是完全可以想象到的。更何况在“万宝之争”开始之初，“宝能系”就公开提出要罢免万科原管理层。

面对相关部门的金融监管，“宝能系”想要全身而退，似乎只有两条路可以选择：成为万科的当家人，让万科为自己间接融资；寻求第三方，将手上的万科股份转让出去。

事实上，舆论和监管的力量再强大，也不一定能抑制住资本的贪婪和野蛮。随着“宝能系”股票解禁期的悄然来临，谁能确保它一定不会做出伤害他人的事情？到时候，小散户们可能就会成为“宝能系”“刀下之物”了。

（3）“宝能系”的真实想法无人知晓。作为投资人，一定要明确表达自己的态度。如果是财务投资，那就不要做成战略投资，反之亦然。在PE/VC市场，这个态度非常重要，这是企业愿意接受投资人的最主要条件之一。在A股市场，散户作为财务投资人，尽管拥有投票权，但无法决定公司的重大决议。

（4）“宝能系”阴晴不定，前后不一。姚振华在2015年“万宝之争”伊始，曾公开表示做万科的“财务投资人”，后来又改口说是“战略投资人”。而在2016年7月的一份公告中，又将自己定义为“万科永久的战略财务投资者”。

这立即受到外界的大力批评，毕竟财务投资人不必参与公司的实质运营，所以进不进入董事会都无所谓。再者，“万科永久的战略财务投资者”之意是长期持有公司股票，但其资金来源却有限，又怎么可能“长期”得了？

阴晴不定的“宝能系”是在寻找最有利的舆论位置，但其真正目的却很模糊。“宝能系”是否进入万科董事会，是万科散户决定增持还是清仓的重要依据。

2017年3月2日至15日，万科A股暴涨4.15%，之后又稳定在21元左右，15日后开始回落。从盘面上看，广大的投资者应该比较欢迎深铁和恒大展开合作，共同参与万科股权管理。

在现有的经济大环境中，离虚向实是趋势，而万宝股权之争正是在国家整顿金融领域秩序之时展开的。尽管“法不禁止即可为”并没有错，但最重要的还是“所为的结果”，钻分管之漏洞、行离实向虚之事的行为并未真正为社会造福，那就没有存在的理由。

不过，万科A股的散户肯定不欢迎“宝能系”进入万科董事会，他们可能还希望“宝能系”可以效仿恒大，找一个更具智慧的解决之道。

“万宝之争”——权益争夺下的商业巨变

2017年3月27日，万科2016年业绩发布会在深圳举行。会上，万科现任总裁郁亮明确表示，万科董事会换届将延期，具体换届方案还在积极酝酿中，一旦成熟，将立即启动换届计划。所以，当时的“万宝之争”迷局未定。

此前，恒大在2017年3月16日发布公告，将持有的万科A股表决权委托给深铁集团。这无异于公开表示支持深铁以及万科管理层，也使三者的合并股份远远高于“宝能系”。恒大此举恰逢万科董事会换届选举的关键期，其立场的转变迅速扭转了“万宝之争”的局面，可视作“万科股权之争”的重要节点。

其实在2016年，就有媒体报道称，恒大曾向有关方面递交了一份书面报告，明确表示:“既不再增持万科，也不做万科控股股东，并将所持股份转让给深铁，时刻遵照政府安排，全力支持万科重组。”虽然该消息未获得证实，但不久，恒大集团总负责人的确公开表示，恒大无意成为万科控股股东。因此，恒大是在用实际行动证实种种传闻。

华润却是另一副姿态。为抵御“野蛮人”入侵，2016年3月，万科管理层试图通过资产重组引入深铁成为自己的第一大股东，但因为华润的反对而夭折。随后，“宝能系”更提议罢免王石等董事，事态的发展愈发出人意料，股权之争陷入僵局。直至2016年8月，恒大成为万科第三大股东，局面才有所扭转。

2017年华润退出后，各方持股比例为：深铁29%、“宝能系”25.40%、安邦6.18%、万科管理层4.14%。至此，万众瞩目的“万科股权之争”接近尾声。

从这场股权争夺战中我们可以发现，上市原本就是一把“双刃剑”。

以“宝能系”为代表的险资资本虽然拥有庞大的资金量，还能运用杠杆方式调节投资局面，并激活了一些优质上市公司的股价，但是从资金投入到高杠杆调控再到频繁举牌，随着资金的大量融入，其“野蛮人”的特质也显露无疑。因此，“宝能系”的最终目的并不是单纯的财务投资，而是获取上市公司董事会的控制权。这对上市公司的影响巨大，轻则引发股价波动，重则引起股权争夺，甚至严重扰乱上市公司经营的正常运行。

事实上，如果“宝能系”在2014年就启动对万科的收购计划，那它很可能成为中国企业史上首个“敌意收购”成功的公司。不过后来，相关政策发生了巨变，“宝能系”恐怕不能改变什么了。

对于姚振华的敌意收购，王石的反应是斥责姚振华为利用高杠杆恶意收购的“野蛮人”。“野蛮人”的称呼引发了诸多讨论，在很多人看来，如果“野蛮人”赢了，那他们就可以放手去做了，毕竟有关部门才承诺，要自由发挥市场力量在经济发展中的决定性作用。

然而，由于“宝能系”的竞购，2015年12月，万科股价从每股14元人民币攀升至24元人民币，上涨了70%。同时，在没有任何政府干预的情况下，万科试图通过承诺向深铁出售股份，以寻求帮助，但此举最终失败。2016年夏，市场终于恢复平静，政府监管部门采取积极措施遏制恶意收购。于是，“宝能系”成为金融失当的代表。

而2016年10月发布的一份年度富豪榜显示，姚振华的身价在一年之内激增至170亿美元，位居中国富豪榜第四位。一些人认为，这笔财富大部分是通过非法手段获取的。那么，年龄差距不大的这两个人，为何一个负面不断，一个好评如潮？除政策因素外，单从“经商之道”上看，姚振华像是一个永不知足的掠夺者，而王石却显得更加气定神闲。其实，王、姚二人有许多相似之处：都是平民创业的典范，同样行事低调，最重要的是，他们对商业都很敏感。不同之处在于：王石倡导价值优先；而姚振华信守财富领先。

王石做企业更注重态度专一、服务质量和声誉等，他认为脚踏实地打基础胜过“一跃而起”，将行为的合法性看得高于“打擦边球”；而姚振华一心多用，只要能赚钱的行当都想试一试，他做过很多产业，主要以房地产、保险金融投资为主。所以说，王石的商业模式是价值创造，而姚振华的商业模式是价值重估和变更。

虽然“宝能系”的钱是借来的，杠杆力度极高，但如果它的资管计划是一年期的，那么融资成本与还款压力都很大。虽然它的杠杆融资有平仓线，但其持股万科的成本平均高达15元，面对净值只有0.8的平仓线并不是问题。对于“万宝之争”而言，万科股权的结构缺陷暴露无遗，在资本市场上必然会给万科带来价值风险，即便没有“宝能系”，也会有其他收购者，而对于“宝能系”来说，通过资本利用杠杆收购可能获得巨大利润。

2017年3月13日，前海人寿突然对外发布公告称，董事会董事、董事长姚振华已提交书面辞职报告，原职位由副董事长张金顺代理。

事实上，“宝能系”的金融版图若失去保险业将会损失重大。但对于姚振华而言，举牌万科只不过是为了间接融资，如今失利了，退而求其次是必然的，关键在于如何全身而退。

自从2016年监管部门对举牌险企给予强势关注后，“宝能系”在这场股权争夺战中早已落了下风。从血洗南玻A管理层再到万科、格力，“宝能系”所举牌的企业涉及面非常广，触及经济发展的根基，对此，监管部门不能坐视不管。

随着姚振华被限制，人们的关注点变成了第一大股东“宝能系”在万科的权力是否会缩水。有法律界人士表示，“宝能系”的持股行为合法，它能否进入万科董事会会按照相关规定执行。根据目前的情况来看，“宝能系”无论能否顺利进入万科董事会，都不会影响万科的后续经营。也就是说，万科优秀的管理格局不会因这次争斗而改变。

万科与南玻A：同被宝能举牌，命运截然不同

无论何时，以险资的方式举牌都会在中国资本市场掀起阵阵腥风血雨。此种手段非常值得谈论的是，它能促使中国一些上市公司的第一大股东性质发生转变——从国资转为民资。比如在2015年“宝能系”举牌万科前，国企华润始终稳居万科第一大股东之位。经过多次举牌和斗争，截至2016年年底，民企“宝能系”成为万科第一大股东。若是界定万科第一大股东的性质，那么此时的万科第一大股东已经从国企转为民企。

此前，国企中国北方工业公司一直都是南玻A的第一大股东，但从2015年开始，“宝能系”及其一致行动人通过二级市场增持，成功坐上南玻A第一大股东的位置。这预示着南玻A第一大股东性质，由国企的上市公司转变为非国有企业。

根据相关资料显示，从1998年到2016年，国内上市公司“第一大股东性质发生变更”的共有2139家。其中，通过“二级市场股份增减”实现变更的达到186家。尤其从2014年开始，每年平均有37家公司发生类似的转变。这种变化与同期险资进入资本市场频繁举牌有很大的关系，在此期间，既有相同性质的第一大股东的转化，也

有不同性质的第一大股东的变更。若是深究下去，从2003年到2016年，资本市场共发生2558起实际控制人转换。其中，从实际控制人国企转为非国企性质的共有628家，占全部转变额的25%。

那么，第一大股东或实际控制人的性质从国企转为非国企真的很重要吗？

首先，第一大股东性质的重要性取决于公司治理结构和治理环境是否完善。如今一些股份公司在将风险摊薄的同时，实现了经理人的职业化，这便使得它们在资本社会化与经理人职业化的基础上，把生产效率提升了数倍。

尽管所有权与经营权的分离会引发经理人与股东之间的矛盾，但是与其他方面相比，这种矛盾是再正常不过的事情，而且可以通过不断完善公司的治理结构得以缓解。从理论上看，现代股份制企业的权益融资来自哪个股东并不重要。因此，倘若当前某一家上市公司的治理结构是完备的，那该公司就无须担心第一大股东的性质是否会发生变化。

“宝能系”通过举牌分别成为南玻A和万科的第一大股东，改变了这两家企业第一大股东的性质。然而，同样的境遇却产生了截然不同的结果。在南玻A中，持股比例仅25.77%的“宝能系”在董事会中的比例占到50%，因此在治理结构上，“宝能系”可谓是“替换”了南玻A的董事会。但是在治理结构相对齐全的万科，“宝能系”提出召开临时股东大会罢免万科全体董事的议案并没有获得通过。

其次，股份公司从上市起便成了公众企业。这就意味着企业需要对外披露信息、受监管部门严格管理、通过持股分担风险，而且全体股东的利益是紧密相连的。此外，任何股东提出的议案都要得到其他大部分股东的支持，因而，每个股东就不能只考虑自己的利益了，还必须对其他股东负责。

随着资本市场的迅速发展，广大中小股东也逐渐意识到权利的重要性，并开始使用手上的权利维护自己的利益。例如，从 2010 年至 2015 年，就有 207 家上市公司发生了“小股民起义”事件。

在南玻A与万科被“宝能系”举牌这两个事件中，南玻A的中小股东的自我维权意识并不强烈，而万科的中小股东却不同。他们不仅维权意识强烈，而且对万科似乎更有感情，尤其在万科大掌门“情怀主义”的熏陶下，他们将万科看得更加重要。

最后，从原控股股东的角度来看，资本市场拥有分散风险的能力，而且，保护股东利益的各种体系已经初步成型，将较大比例的股份集中在同一家公司并不是最佳选择。

在南玻A被举牌时，作为第一大股东的中国北方工业公司在“宝能系”成为第一大股东后，不仅没有再度增持，反而减持。同样，在万科股权大战中，第一大股东华润也选择全身而退。二者的行为一定程度上与国企将业务范围集中至主营业务的战略有关，毕竟做一些不很熟悉的行业，行业规律难以掌握，还耗时费力。退出不熟悉的行业，将精力都集中在自己擅长的领域，才能更健康地成长。

在资本市场逐渐走向成熟以及外部法律环境发生变化时，资本市场已经进入股权分散时代，国内上市企业第一大股东的平均持股率，已从 2005 年股改前的 40% 下降到 30%。这说明，对于大部分上市公司而言，第一大股东失去了绝对控制权，也不再具备完全否决其他股东的资格。不仅如此，国内已有 500 家企业的第一大股东的持股比例降到 20% 以下，甚至还有 50 家上市企业的第一大股东的持股比例不足 10%。

但是，万科与南玻A最大的不同就在于，万科的实力和影响力远远超过南玻A，所以，同样是与“野蛮人”之间的股权较量，但受到的关注度与吸引的“参赛者”却完全不在一个档次上。“宝能系”对南玻A的举牌不会有多少人插手，但“唐僧肉”万科却在此之前就成为许多人眼中的猎物，浑水摸鱼也好，友谊援助也罢，万科似乎注定不会像南玻A那样容易被“宝能系”完全控制。

vanke

PART 02

紧急救赎

昔日盟友为何不能助其一臂之力

当“万科股权之争”进入白热化阶段之时，携手十六年的“亲密盟友”华润突然转变态度，与万科反目成仇。昔日盟友，缘何无情翻脸？这让王石顿时感到有些不知所措。惊叹之余，他也想通了，商场如战场，在利益的驱使下，企业之间又怎么会存在永远的朋友？

因此，王石等人必须寻求新的“盟友”，以帮助万科安然渡过难关。于是他们便开始紧急部署“结盟计划”——找到一个合适的“白衣骑士”。那么，谁才是真正能够拯救万科的“白衣骑士”？是新股东深圳地铁集团？还是“万科的扫地神僧”刘元生？抑或者是其他人？不过，华润的“背叛”让王石对于“盟友”的选择标准，变得万分谨慎。

昔日盟友缘何反目成仇

从 2015 年开始，万科遭到“野蛮人”入侵。“宝能系”以 400 多亿的保险资金为注，在二级市场频频举牌，誓要坐到万科第一大股东之位。万般无奈之下，万科只好向第一大股东华润求助。

如果说在此之前，这还只是一场“攻守之战”的话，那么之后，这场大战就逐渐演变为包含了拉拢、博弈、排斥、算计、对抗的“商业江湖大战”。

其实，早在 2016 年 3 月这场大战已有端倪：万科谋划新资产重组，而“宝能系”则赞成继续停牌议案。从表面看，“万宝”之间的关系远没有想象中那么紧张。但出人预料的是，万科随后向外界发布了一份公告，宣布吸纳深圳地铁为新股东，曾经同生共死的第一大股东、一直非常支持万科的华润竟然坚决反对。在 2016 年 6 月 17 日的万科董事会上，异议最终变成针锋相对。

当日，万科董事会共有 11 名董事参加会议，其中，华润与万科各有董事 3 名，另有独立董事 5 名。会议的目的就是表决万科与深铁的合作方案，结果，除 1 名独立董事回避投票外，有 7 人投赞成票，而华润 3 人全部投了反对票。

按照“重要事件必须经过 2/3 以上董事表决同意”的规则，万科认为，7成的比例已远超2/3，于是万科在华润尚未同意的情况下，单方面发表公告称方案已通过。而华润却认为应该是7/11，还没有达到2/3，公告结果自然让华润气愤不已，为此，华润还向监管部门投诉万科。

总的说来，这份重组方案应该是万科与深铁以发行450亿元左右股票的形式展开合作，然后，深铁旗下的前海国际被万科买下，而深铁拿出手上拥有的两个极佳地块与万科展开深入合作。但问题就在于，若是按照该方案顺利施行重组后，深铁在万科的占股比例将高达20.65%，成为第一大股东，而“宝能系”和华润的股份则分别降至19.27%、12%左右，这让华润如何接受？

为表达内心的愤怒，华润提出这样一些理由来反对万科引入深铁：深铁的两个项目无法对万科的未来产生较大影响；增发股票会损害其他股东的利益，万科根本就无须增发股票，完全可以用现金收购代替等。

对此，万科管理层也分别做出了回应：与深铁的合作有利于万科未来发展；增发股票不会损害其他股东的权益；要与深铁合作，必须用股权的方式。

其实，方案究竟有没有通过，并不是人们关注的重点，重点在于由谁做万科的第一大股东。

万科和华润曾经也有过一段“相亲相爱”的时光。在长达十六年的合作中，华润非常信任万科管理层，其“放养”式的合作，让万科在毫无压力的情况下，迅速成长为中国房地产行业内的标杆。

但目前，呈现在公众面前的却完全是另一幅场景，双方不但关系破裂，而且有相互攻击的架势。比如万科要引进新股东，华润却称这只是万科的单方面行为，事前毫无沟通；万科提出了新方案，华润就立刻跳出来反对。

不过，这种裂痕一开始就已显现。万科被“野蛮人”入侵之际，曾第一时间向华润求助，却遭到华润的消极拒绝，最终，“野蛮人”如愿以偿。再者，当时华润的实力似乎也不比深铁更雄厚，所以万科挑选深铁也是情有可原。毕竟在万科看来，这既是一个解“野蛮人”敲门之局的良策，又是一个有利于自身发展的方案。

追根溯源，华润之所以会强烈反对深铁入股万科，主要有以下三大原因：

（1）不愿失去话语权。华润其实一直都想夺回第一大股东的位置，但由于各种原因错过了机会。2015 年 12 月底，“宝能系”如愿坐上万科第一大股东的位置时，万科便寻求华润帮助，但华润当时忙于收购雪花啤酒，根本无暇顾及。再加上资金有限，华润对于“宝能系”入侵“小弟”的做法，只能表示爱莫能助。

但是万科找到深铁这个盟友后，华润却有些急了。毕竟深铁一旦入股万科成功，就极有可能成为万科的第一大股东，到那个时候，华润即使在董事会还有一定的份额，也要面临改组后沦为第三大股东的危险，而且，位列深铁、“宝能系”之后，华润必将失去更多的话语权。

（2）掌门人之间的关系并不好。不管是华润之前的掌门人宁高宁还是继任者宋林，他们与王石私交都很好，因此在担任华润掌门人期间，他们对于万科的帮助和关怀可谓无微不至。但傅育宁就不同了，他与王石并没有什么交集，见面时都极少交流。因此，当万科被他人欺凌时，他肯定不会像前两位那样倾囊相助了。更何况，傅育宁曾公开表示对万科管理层的某些行为存有异议，这可是万科、华润相交十多年来，华润的掌门人第一次公开批评万科的管理层。

其实，万科就是王石盖的一栋大别墅，别墅里有主卧、次卧和小书房。刚开始，别墅的主卧被华润夺得，进而成为万科最大合伙人；一些持股散户将别墅的次卧买走；而造房者王石则住进小书房当起了“房东”，成为名副其实的“大管家”。

之后，“宝能系”悄悄将散户们手上的资产买下，夺得次卧的居住权。而“大管家”并不欢迎它的到来，表示它无权在这栋别墅里为所欲为。但“宝能系”却拿出“购房合同”，在“大管家”面前耀武扬威，声称自己花了钱就有权住进来，没有钱的“大管家”无权与其叫板。“大管家”无可奈何，只能在房子的上层再盖一层，然后卖给深铁，从而让深铁成为万科第一合伙人。

万科没想到的是，华润对此强烈反对，还表示，未经许可，“大管家”不可以在房子上盖“违章建筑”。“宝能系”也借势表态，称“大管家”违反了相关规则，应该立即停止行动。同时，广大散户们也开始抱怨“大管家”的行为损害了他们的利益。

在各种纷乱局面轮番上阵时，万科与华润从昔日的好伙伴走到了水火不容的境地。于是，“野蛮人”便乘虚而入，导致“大管家”王石因孤立无援而陷入困境。

命运推手：华润退出万科内幕

2017 年 1 月 12 日晚，万科 A 忽然发布公告称，华润决定将持有的 15.31%的万科股份，以每股 22 元的价格全部转让给深铁，之后，华润及其子公司将不再持有万科股份。公告还显示，本次股份转让行为已获得有关部门批准，过户登记手续也已完成。

据业内有关人士透露，早在 2016 年 12 月下旬，万科、华润、深圳监管部门就已达成股权转让的相关协议。而据媒体报道，华润曾经受到一些监管层面的压力，明白了“央企绝对不与地方争利”的道理，还被要求配合深圳市政府部门的工作，妥善处理此问题。而在此之前，华润与深铁还进行过多次磋商，只是价格一直未定。

华润退出万科，其实很大程度上与相关机构的态度有关。从政策管制层面来看，证监部门略微偏袒万科，所以华润退出也很正常。

2017 年 1 月 5 日，万科董事会竟然全票通过了万科史上最严格的跟投计划。在当时主要由华润掌控的万科董事会中，此举无异于表明万科管理层已逐渐与华润和解了。

然而，成为万科大股东的深铁则表示，万科作为国内房地产行业的航标，不仅拥有最优秀的管理团队，而且经验丰富、基础扎实、信用度高。深铁入股万科将在促进双方发展的同时，形成更加明确有效的战略目标，并全力支持万科管理层的工作。万科方面也表示，深铁成为万科的大股东将对万科的发展起到积极作用，今后，万科将与深铁一起按照国家有关规定，努力向前拓展。

即便华润将股权转让给深铁，但是股权之争大局尚未落幕。此后，万科股权结构将形成新格局，“宝能系”、深铁、恒大持股量分别为25.4%、15.31%、14.07%，成为万科前三大股东。恒大表面上虽仅持股14.07%，但加上H股，持股数额可能会超过16%。此外，安邦持股6.18%，万科管理层持股4.14%，万科企业股中心持股3.66%，万科工会持股0.61%，自然人刘元生持股1.23%。

所以，即使华润将全部股权转让给深铁，“宝能系”第一大股东的位置也不会被动摇。但在总股份中，万科管理层在获得深铁、刘元生和大散户的支持后，持股比例则可能超越“宝能系”。从深铁的态度来看，其支持万科管理层已毫无疑义，这对于万科管理层的翻身绝对意义重大。

不过，即便华润和万科能够和好如初，它们也不可能再回到从前。

首先，从人类本性上说，只要与对方有过激烈的争吵，心里必然会留下一道疤痕。再加上华润此前的一些做法，万科心里的伤口还很深，万科管理层对这个昔日盟友华润早已彻底失望。

当初，华润在关键时刻抛弃万科，结盟“入侵者”，一是因为不想降为排在“宝能系”与深铁之后的第三大股东，否则，华润连最起码的话语权都保不住；二是因为华润当家人傅育宁与王石的关系并不融洽，如果说王石看不起宝能掌门人姚振华是“卖菜出身”的话，那么傅育宁也同样瞧不上王石这个“自学成才”的底层人。因此，除非某一方更换掌门人，否则，即便华润重新得到了万科第一大股东的位置，它们之间的关系也无法再修复。

但华润和万科不会轻易更换主帅，毕竟对于华润而言，自从傅育宁主政华润，华润的销售业绩一直居高不下，所以华润不可能抛弃傅育宁；而作为万科负责人，王石退出的概率也不大，除非有一个实力与他不相上下的人接管万科。有人说这个人只能是郁亮，但是一旦王石离开万科，作为心腹的郁亮又怎么可能继续待在万科？万科管理层的其他人可能也会一并出走。

万科的成就向来离不开以王石为代表的管理层的努力，如果他们“离家出走”，万科的处境就会很危险，到那个时候，各个股东的利益定会大受损伤，这是他们绝对不会答应的。因此，除非王石自愿离职，否则，他的地位很难动摇。所以说，不管是王石还是傅育宁，他们都不会离开现有的位置。由于他们之间的不和谐关系，万科、华润又怎么会和好如初？

其次，从持有的股票数量来看，王石之所以会在此次股权之争中处于不利地位，关键就在于他所持有的万科股权低于2%，因此他随时都有被踢出局的可能性。经过此事，他应该“吃一堑长一智”，争取更多的股权。如此，即便再发生类似事件，他也能泰然处之了。

而华润第一大股东的位置曾经被撼动过，因此，华润便会想方设法增强自身实力，继续增持万科的股份就是一个不错的方法。更何况华润转让股权给深铁的行为，是由于受到某些监管部门的压力而为之，并非自愿。所以，无论华润、王石还是其他股东，他们都会为增持万科股份而大打出手。如此，万科、华润之间又会出现新的矛盾，自然是无法重归于好。

最后，从事件的发展过程看，在“宝能系”首次举牌万科时，尽管华润也曾增加过对万科的入股资金，但资金数额和次数都太少，而且还与“野蛮人”为伍。即便此后华润不承认，却也拿不出有力的证据。王石登门相求时，还被傅育宁无情拒绝。王石费尽千辛万苦终于寻求到深铁这个外援时，华润却强烈阻止。如此看来，在整个事件的发展过程中，华润就像是个“搅局者”，唯恐天下不乱。这样一个“搅局者”即便“改邪归正”了，万科作为“受害人”又怎么能轻易原谅？

再者，倘若有一天再有像“宝能系”这样的“野蛮人”入侵万科，华润作为大股东是否还会故伎重演？因此对于华润，万科的态度绝对是“防”多于“交”。

值得一提的是，华润退出万科股权之争后将获得巨额估价。而恒大态度缓和的原因是，其某些行为得到了深圳市政府的大力支持。但“宝能系”如果退出这场争斗，将获得哪些好处？之后，万科应当如何安排，才能实现健康、稳定的发展？这一切只能静观其变。

谁才是万科的真正“盟友”

随着“万宝之争”的进一步升华，华润也与万科彻底撕破脸。与此同时，一封由万科刘元生投至中国证监会等七部委的举报信，将这场股权争夺战推向了另一个高潮。

刘元生作为万科的第一大自然人股东，被称作“万科的扫地神僧”，自1988年持股万科以来，股票只买不卖。目前，刘元生手中的股比已高达1. 21%，股票回报率已达到749倍，持股金额已至1. 34亿，直至2015年下半年，才逐渐淡出前十大散户流通股东之位。在这场股权之争中，他始终站在万科管理层这边，万科也视其为重要联盟伙伴。

在举报信中，刘元生指责“宝能系”、华润开展“地下交易”，有“一致行动”之嫌。二者之所以步步紧逼，就是为了谋得万科第一大股东的位置。

而面对刘元生的指控，“宝能系”、华润发文回应，称刘元生“恶意中伤与造谣”。而在双方各揭内幕的同时，“专家‘查漏’背书”的行为竟也轮番而至，使得这场“战争”更加扑朔迷离，局面频频失控。

面对如此混乱不堪的局面，万科管理层逐渐意识到万科的支撑能力正在一点一点被瓦解，这是令人十分担忧的。逐渐冷静的王石等人将目光投向了万科之外的力量，但是，寻找外援也就预示着借助另一方势力对抗当前的压力，这终归有一定的风险性。

一方面，若通过外援达到了目的，那么事后的股权分配应当如何运作？万科第一大股东的位置是否要交到外援手中？这就像是“拆了东墙补西墙”；另一方面，外援其实就是盟友，但这个盟友是否可靠？昔日亲密无间的华润都能瞬间翻脸，这个盟友如果也是这样，那万科岂不是养虎为患？

因此，选择盟友的标准尤为重要。在“万宝之争”中，第一回合是“宝能系”借助金融杠杆完胜万科，坐到万科第一大股东的位子。当时的“股权大战”已经进入更新的回合，王石等人能否通过外援扳回一局，则完全取决于他们能否选对盟友。最终，王石等万科管理层将筹码压在了深圳地铁身上。

选择深圳地铁这个“盟友”，万科管理层也是经过深思熟虑的，至少从以下几点可以看出来，他们绝不是一时冲动。

（1）在实力上，深圳地铁并不独占鳌头。尽管它是国企，但与华润这样实力雄厚的央企相比，差距依然很大。在一些发达省份的地方国企中，资产超过2000亿的并不少，所以选择深铁绝不仅仅是因为实力。

（2）在优质资产引入方面，地铁行业的优质资产是地铁用地，这种不动资产并不是战略资产，缺乏持续造血的能力。深铁的条件非常适合成为中型地产上市公司的重量级股东，但对于万科而言，这并没有太大意义。因此，万科管理层看重的也并非深铁的资产性质。

（3）在经营模式上，虽然深铁的营销服务，特别是售后模式优异，其宽泛的“物业”容量，更是万科所需要的。可是需要说明的是，深铁是区域性的国有企业，其业务内容并不广，仅限于深圳地区。而万科的业务辐射全国各个地区，从这点上看，深圳地铁帮不上忙。由此看来，万科也没有指望深铁能够在物业上助攻它。

排除了上述因素，剩下的也就是万科管理层的利益诉求了。想要探寻万科管理层选择盟友的标准，也只能从他们想要的东西上着手。

一直以来，万科管理层都在为抵御“入侵者”而绞尽脑汁想办法，那些“入侵者”想通过获取万科更多的股权，最终掌控万科。不过，这却是王石他们最忌讳的，所以在利益诉求方面，万科选择盟友的标准是确保自己不失去对万科的控制权。也就是说，争抢控制权才是他们的最终目标。这个诉求也不过分，毕竟万科是王石他们一手创建起来的。

万科管理层选择盟友时，最先考虑的是对方是否具备国资背景。几乎所有的国有企业都会存在“所有人缺位”的情况，也就是说，企业在名义上是全民所有，无法有效约束企业的经营者，从而导致经营者独揽大权的局面。而在一些民资或外资企业中，无论财务还是产业投资者，都会进入企业的管理层，干涉企业的正常运作。而这是王石他们最无法接受的。

在万科管理层看来，企业的第一大股东只要到期收取红利即可，平时不应该过问企业的运营状况。这与阿里巴巴的运作极其相似。软银集团作为阿里巴巴最大的股东，几乎从未干涉阿里巴巴的管理层决策和实际运营，万科管理层一直希望自己的第一股东也能这么做，而且王石他们还希望“盟友”能够放弃绝对控股。

根据万科内部的章程规定，在董事会讨论企业重大决策时，需要超过66.67%的董事投票表决才能通过。因此，想要确保万科管理层对万科的控制，无论盟友身份如何，都不能绝对控股，并且控股比例要低于23%。深铁在入主万科后，就明确表示不绝对控股，且持股比例控制在20.65%以内。如此，深铁即便成为万科的第一大股东，也无法拥有“一票否决”权。在企业决策时，股份比例与投票权虽然并不等同，但仍然是需要规避的风险。

另外，盟友的主营业务不能是房地产。纵观国内整个房地产行业，民资企业正在逐渐缩水，“国进民退”的趋势仍旧持续，主营房地产业务的国企正在快速成长。从2016年6月开始，“央企地王”便如雨后春笋般拔地而起，“地王争夺战”使得房价再度飙升。

万科管理层决定联合国企，倘若盟友的主营业务是房地产，那么万科的控制权便会被夺走，他们绝不允许出现“第二个宝能”。这样看来，深铁作为以地铁为主营业务的国有企业，自然再合适不过了。除此之外，深铁所具备的另一个条件，也是王石他们极度看重的——深铁位于万科总部所在地，这更有利于王石他们对万科以及深铁的控制。

在这场股权争夺战中，主要的参与者是万科与“宝能系”，但战场的上另一个焦点却是王石。在他创立万科时，“股权之争”就已经注定。之所以会这么说，是因为他出于“情怀”而“决定不持股”，只以创始人和管理者的身份“守护”万科。这就导致了管理者与所有者的分离。

在当今这个资产第一、股权最硬的商业时代，王石他们如果只一味地做“贤相”而不做“君王”，江山难免会被撼动。但作为真正为“万科江山”着想的“贤相”，他们在“野蛮人”入侵时，仍旧竭尽全力抵抗，力求安稳，而最好的办法就是扶持一位“虚君”，以利于他们掌控“万科江山”。

因此，他们在选择深铁作为“盟友”时，需要考虑的因素实在太多。至于他们的选择是否正确，只有看事态的发展是否如其所愿。

“白衣骑士”：决定万科生死存亡的神秘力量

自从“宝能系”不断增持万科股份，王石便开始紧急部署“结盟计划”。王石意识到，此时最可行的反收购措施就是寻找“白衣骑士”。所谓“白衣骑士”，是指从恶意收购中“搭救”目标公司，并与现任管理层关系融洽的另一方。

2015年年底万科宣布停牌后，以王石为主的万科管理层便一直在寻找合适的“白衣骑士”。他们此举旨在构建“股东联盟”，但在“宝能系”强势压力下，寻找“白衣骑士”绝非易事。但我们又不得不关心：谁才是真正拯救万科的“白衣骑士”？

可以肯定的是，有着16年“生死之交”的华润，不可能成为拯救万科的“白衣骑士”。作为央企大哥，华润绝不会任由国资流失，更何况双方之前还彻底闹翻过。华润在担任万科第一大股东的十多年间，一直只做甩手掌柜，除了出席董事会、签署文件，实际还是王石在管理万科。如今万科陷入绝境，华润或许会想：何不趁乱一举夺权？

再者，华润当年入股万科肯定是为了利益，一开始或许只是想赚点分红，之后就慢慢发展为想控股。可是，尽管万科更换了三届领导班子，但华润控股万科的愿望一直未能实现。

如今，各大央企、国企纷纷涉足房地产业争当“地王”时，华润必定也想分一杯羹。但与其花太多时间去慢慢开垦，不如掌控万科的资源来得更加便捷。傅育宁作为管理国有资产的职业经理人，肯定希望在任期内有所作为，布局房地产或许只是计划中的第一步。

据说，恒大曾经试图接盘华润持有的万科股份。而内部人士认为，华润根本没必要转出万科股份。不管怎样，有利可图的事情谁也不会错过。

从表面上看，安邦是隐藏在这场股权之争背后的沉默者，但是越沉默，最后爆发出的能量可能就越大。尽管安邦一直很低调，半年内始终保持缄默。2015 年 12 月 23 日，安邦发表声明称，将会全力支持万科的发展，希望万科管理层能够不惧风险，坚持抗争到底。然而在“万科股权之争”决战的当口儿，安邦无疑拥有充分自由的选择权。但安邦毕竟是商人，所以在万科复牌股价走向低谷之际，悄悄增持数千万股，使自己占万科总股本的比例有所上浮。可以说，安邦在保持神秘的同时，还用表决权与万科管理层保持一致。

按照安邦一贯的风格，它无论如何都不是能“耐得住寂寞的人”。毕竟在资本市场上，它的战绩也不容小觑，除万科外，还曾拿下民生银行、远洋地产、华业地产等的控股权。所以在这场股权争夺战中，安邦斥巨资参与其中，绝不是为了投机。虽然在立场上，安邦选择了支持万科管理层，但它也是个野心十足的家伙，目的也是谋求万科董事会的位置。若果真如此，安邦可能会继续抄底万科股票。因此，低调的安邦并不是万科的“白衣骑士”，也许只是来“吃唐僧肉”的。

经过数次跌宕起伏，万科终于亮出了自己的底牌，决定引入深圳地铁集团作为新的大股东。但深铁真是万科的“白衣骑士”吗？

深铁虽然是大型国有独资企业，不过它的业务主要分布在深圳市内，并不像万科那样，在全球都有自己的业务。如果与深铁结合，万科未来的主营项目将集中在深圳。先不说万科的客户群是否同意，就看万科深耕深铁的土地资源，“中国的万科”以后或许就会变成“深圳的万科”，甚至变成“深圳地铁的万科”。这样的万科，比“宝能的万科”好不了多少。

更何况，经过“宝能系”的连番打击，万科的股价变化异常，一度存在较大的缺口，作为国有独资企业的深铁，必定不会拿自己的资产去弥补这个空缺。因此可以认为，深铁虽然是深圳市一个名牌企业，但绝不是万科的“白衣骑士”。

那么，万科的“白衣骑士”到底是何方神圣？

当万科董事会换届选举即将到来，各方的关注点都集中在万科董事会席位分配时，2017 年 3 月 16 日，中国恒大突然对外发布公告称，将全力支持深铁和万科管理层，将所持有的万科股份表决权委托给深铁。这突如其来的一幕表明，在这场旷日持久的“宝万之争”中，恒大的许家印最终成为守护万科管理层的“白衣骑士”。

据相关资料显示，2016 年 8 月初，恒大耗资 300 多亿买入万科股票，持股率达到 14.07%，成功坐上万科第三大股东的位置，并且承诺决不控股万科，坚持维护万科管理层的利益，始终与他们同舟共济，共同抵制“野蛮人”的入侵。

在业内人士看来，深谙商道的许家印绝不会“只跑个龙套”，而是隐藏着更深的“阴谋”。恒大此举或许是为重组深深房和谋求A股上市积聚能量。

如今，能够帮助王石他们脱离险境的“白衣骑士”已经出现，虽然寻找的过程并不顺利，但好在有惊无险。随着事态的进一步发展，未来将会出现更多有利于万科管理层的条件。

血战时，王石的朋友去哪儿了

当“宝能系”这个“野蛮人”敲响万科的大门时，作为万科掌门人的王石，只是简单地表达了愤慨之意。然而，口头上的斥责并不能击退敌人，反而会让对方觉得你太过软弱可欺。当事态发展到一定的程度，眼看“野蛮人”即将登堂入室，王石还幻想着和谐相处十多年的第一大股东华润能够助其一臂之力，最后却不得不接受一个现实，那就是这个昔日的盟友早已弃他而去了。

而且，不只是华润抛弃了他，其他人也没有站出来帮助他。那么，当王石“身陷囹圄”，他的朋友都在哪里呢？

万科之所以会陷入困局，最重要的就是没有朋友出手相救。此前，融创中国董事长孙宏斌曾表态说：“我出一个亿，投资给万科管理层重新创业！”但是对于万科管理层这样超级豪华的管理团队而言，一个亿连一个小项目都玩不转，更何况他们玩的并不是小项目。所以，一个亿“实在太少”。

不过重点并不在此，而在于如果孙宏斌是王石的朋友，以他的财力，他完全可以和王石合作，甚至能当上万科第一大股东，可惜他们并不是朋友。原来，孙、王二人在海南某会上刚互呛过，孙宏斌被王石弄得很是下不来台。

然而，王石为什么没有朋友？

创业者的伟大从来都不仅是领导别人，更是管理自己。在这方面，王石一直做得非常好。他很喜欢运动，尤其是爬山。从 47 岁开始爬山，用了将近 5 年时间完成了“7 + 2”。能创造出这样优异的成绩，王石靠的就是严于律己。

但同样是爬山，王石与别人却不同。比如在每次爬山前，他都会细致地做准备工作，就连涂防晒油，也一定要涂上厚厚的两层。晚上，别人休息都毫无规律，累了就倒头睡觉，如果聊得开心，就睡得很晚；可是王石却不一样，他规定自己几点睡觉就必须几点入睡，无论和队友聊得多么高兴，都不会打破这个原则，所以经常会让别人觉得很扫兴。

有人觉得爬山时食物不好吃时，宁愿挨饿也不吃；而王石却不管多难以下咽，都会强迫自己吃下去，为的就是摄取能量。爬上珠峰时，许多人都兴致勃勃地观赏下面的风景，他却不管别人怎么叫，一直待在帐篷里就是不出来，怕会消耗能量。这些做法显得有些孤僻，很难让人亲近。

王石其实也有朋友，他的朋友大多是文化媒体界的人，2000 年在深圳主掌万科时，他身边经常围绕一些“文青”“愤青”，他也很享受这种感觉，喜欢做青年人的“头领”。他这次遭遇劫难，大多数人都只是借机抒发情怀，流露出真朋友之情的并不多。

有人说王石的性格导致他很难交到知心朋友。其实不然，主要还是他的内心追求阻碍了他与人交心。他的远大追求与别人不一样，这致使他在选择朋友时，会过滤掉一些功利性强的资源。

其实，我们很难想象王石与别人见面时会说一些恭维的话，或者在酒桌上与人推杯换盏，喝得酩酊大醉，然后稀里糊涂地答应别人开出的条件。但也正因如此，万科被下套的概率很大。换句话说，王石没有政界大佬和商界大佬级别的朋友，尤其是他那句“万科永远不行贿”，估计早已给万科埋下被隔离的伏笔了。

vanke

PART 03

万科危局

华润与宝能的强势利益联盟

尽管大众对于华润的倒戈相向确实存有争议，但华润的做法也有自己的道理。首先，它一直想夺回第一大股东的位置，却错过很多次机会，一旦深铁入股万科，华润就可能会成为改组后的第三大股东，排在深铁、“宝能系”之后，失去更多的话语权。其次，“救火队长”傅育宁是个有野心的人，一直很看重成绩。当上华润一把手后，他的目标就是做大华润，突然掉价是他绝对无法容忍的。最后，尽管之前的宁高宁和宋林都与王石的私交很好，但接任的傅育宁与王石之间却连泛泛之交都称不上，他对于万科并没有多少感情。

所以，华润与“宝能系”的联盟，也只不过是为了增强自身的实力罢了。“万宝之争”演变成“万华之争”，让王石、傅育宁、姚振华受到了更多的关注，然而最终的结果才是重点。

华润与宝能何时“狼狈为奸”

自从 2016 年 6 月 17 日万科管理层宣布引入深铁，“万科股权之争”再度烽烟四起，曾经被认为固若金汤的“老友”华润突然“叛变”，转而与“宝能系”打成一片。

6 月 23 日晚，已成为万科第一大股东的“宝能系”与华润联手发难，质疑万科陷入“内部人控制”的迷局，同时将矛头指向万科管理层，3 天后又提请罢免包括王石在内的 10 名董事与 2 名监事，并极力强调，本应在万科“指点江山”的王石，却在 2011 年至 2014 年拿着 5000 万元的俸禄跑到英国、美国游学。对此，王石虽然表现得不慌不忙，但是许多人都明白，他已经“走投无路”了。

华润原本是万科的第一大股东，与万科携手并进 16 载，而“宝能系”则是想要抢夺万科第一大股东之位的“野蛮人”，这两家企业本应该是水火不容的对头才是，可是之后的事态发展却让所有人“丈二和尚摸不着头脑”。人们不禁要问：华润与“宝能系”是什么时候“勾搭”上的？有这么多亲密接触，是否涉嫌形成一致行动人的关系？倘若将这两个问题弄清楚了，原来模糊不清的现象就都可以得到合理解释了。

根据相关资料显示，在 2013 年 8 月，华润与“宝能系”就展开了业务合作。当时，隶属华润的子公司华润置地为建立综合项目“华润前海中心”，耗资100多亿元买下前海6.18万平方米的土地。当月23日，时任华润置地总裁的吴向东在一次会议上明确表示要为前海项目引进合作伙伴，前海项目一半归华润操作，一半属于合作方，但合作方的投资金额要超过华润，具体数字不便透露。随后，华润置地便引进“宝能系”为合作方，双方为此还专门成立了一家合资公司。

若是按照吴总裁的说法，合作方“宝能系”至少要拿出55亿，但是据内部人士透露，“宝能系”实际上一分钱也没有出。

2013年11月，华润深国投信托有限公司（以下简称“华润信托”）通过一笔业务，成功坐上宝能地产第二大股东之位。此后，华润信托推出价值36亿元的地产信托计划，分为两期募集，期限是两年半，分别由“宝能系”及其他投资者控股认购。在信托计划中，2亿元用来持有宝能地产18%的股权，目的是为宝能开发新项目，另外，宝能还将拿出22%的股权质押担保，还有16亿元作为对宝能地产股东的借款，用于其他项目的建设。

2014年10月，华润以43.05亿元的注册资金创建了华润置地前海有限公司（以下简称“华润前海”）。相关资料显示，华润前海的高层领导人全都来自华润。

2016年1月22日，“宝能系”的张保文担任华润前海的法定代表人及董事长，马清填、袁惠光加入董事会，姚亚能加入监事会，董事俞建、赵卓英、孔小凯和监事王坚强及总经理王笑均来自华润置地。唯一成为华润前海控股股东的是吉富企业有限公司（以下简称“吉富企业”），2013年12月4日，吉富企业在中国香港注册成功，股本超过6亿元，地址位于香港湾仔港湾道的华润大厦，共有6名董事，其中3名来自华润置地。

“万宝之争”后，有媒体报道了华润与宝能的上述信托交易，但遭到华润信托的极力否认。据内部材料透露，华润信托一直都是宝能地产的第二大股东，持股率占总股本的17.88%。

2016年6月27日晚，深交所对外发布公告，要求万科前两大股东华润和宝能在29日前解释清楚，二者是否存在一致行动人的关系？

值得关注的是，截至深交所发布公告时，华润及其一致行动人共持有万科股份15.30%，钜盛华及前海人寿合计持有24.29%，二者加起来就是39.59%。这便预示着，只要华润与宝能是一致行动人，它们的持股比例达到了30%的最大收购线，那就有义务要约收购。也就是说，其他股东有权根据停牌之前的价格，将手上的股票抛售给要约收购人。这不但有利于保护中小股东的利益，而且对于管理层也是十分有利的。

然而，如何判断华润与宝能是否是一致行动人？

根据相关法律条例的规定，“一致行动人”是指通过协作等合法方式，扩大对另一家上市公司股权的掌控额度，或是为提高自身地位，在行使某些权利时意见一致的两个组织。该条例还具体列举了一致行动人的情形，但在认定时，并不只以行为为裁定标准，而主要以双方行为一致的原因为基准。

事实上，就宝能和华润的举动来说，二者并不构成一致行动人。因为“宝能系”在“侵入”万科时，并没有与华润联手。二者的联合发难行为只是为了争取股东应有的权利，在股权之战中再正常不过。在任何一个激烈的股权大战中，为抢占先机，股东都会无所不用其极。

不过，具体情况到底怎样，只有当事人自己心里最清楚，而作为外人的我们只能静观其变。此外，2016年6月30日，华润和“宝能系”迅速给予深交所合理回复，华润表示自己与“宝能系”的钜盛华从未就某些业务达成任何协议。

决战万科：宝能和华润暗度陈仓

在发生了一系列情节紧凑的“故事”后，众人对“万科股权争夺战”的走向有了更加明确的看法。同时，有关资本运作、企业管理方面的话题，也再次浮出水面。

2016年7月1日晚，万科对外发布公告，宣称公司A股将于4日复牌。但在6月19日万科公布与深铁合作后，大股东华润与“宝能系”先后发表声明反对重组预案，“宝能系”还提请召开临时股东大会，罢免万科本届董事会的所有成员。

华润与宝能的发难，已让万科管理层危如累卵。然而，有了舆论的关注和监管层的介入，万科管理层又将迎来怎样的“真相”？

2016年6月27日，万科一年一度的股东大会在深圳总部举行。可是在会议召开的前一天，大股东“宝能系”却忽然提请万科董事会召开临时股东大会，要求罢免王石、郁亮、乔世波等十名现任董事和廖绮云、解冻两名监事。将一场年度股东大会开成临时新闻发布会，这在中国资本市场历史上绝无仅有，万科可谓开创了先例。

此消息一经推出便掀起轩然大波，毕竟从未有过股东如此明确提出罢免现任董事会和监事会成员，这简直就是彻底否定他们以前的一切成就。因为这份突如其来的罢免议案，近千人涌入只有300个座位的股东大会现场，许多股东都是站着听完了那场持续将近三个小时的会议。

有许多股东特意从外地赶来支持万科管理层，他们认为，华润和“宝能系”还不具备掌控万科这家千亿房企的能力。这其实也代表了许多中小股东的心声，尤其在股东提问环节，现场差点失控，为数不多的几个股东质疑万科管理层，但几乎都被现场嘘声打断，而王石的回答却赢得了一阵阵热烈的掌声。

事实上，中小股东的立场也在意料之中。在这场股东大会召开前，因为引入深铁重组方案，万科管理层与第一、第二大股东已经到了“水火不容”的地步。而前两大股东合伙，也在某种程度上说明了重组预案的“失败”。所以，万科管理层如果此时不能争取到中小股东的支持，那他们便无法保住在万科的地位。

因此我们看到，临时股东大会还未召开，华润和“宝能系”就迫不及待地要行使股东权利了。在此次股东大会上，除万科年度利润分配及续聘会计师事务所方案获得通过外，2015 年董事会与监事会报告等其他方案均遭到高票否决，这样的结果让万科管理层大失所望。

据相关资料显示，由于万科董事被大股东全部罢免，万科经营出现波动。例如，一些签约企业以防万一，已经提出解约或终止签约，部分已销售但未结算的项目也存在退定的风险，甚至连银行和评级机构都在考虑重新评估万科的信用度。实际上，处于风口浪尖上的万科早已引起评级机构的注意，“穆迪评级”就曾表明，假如该提议通过，万科现有的信用评级将会降低许多。

若说华润反对万科与深铁开展合作，还不至于让重组预案“胎死腹中”，那么沉默已久的第一大股东“宝能系”的公开反对，则足以让这个方案“彻底毁灭”。至少有目共睹的事实是，正是“宝能系”

的忽然发难，才让这场旷日持久的战争迎来全新的转折点。

“宝能系”在发布的公告中，不但明确反对重组预案，而且还指责万科董事会和监事会未能尽责。这正为稍后提出罢免万科董事会、监事会全体成员的议案做了充分准备。同时，“宝能系”也是想通过抓住华润不满万科的契机，夺取万科董事会的席位。

从各种迹象上可以看出，随着万科股权之争的变化，“宝能系”或许已不再想以“财务投资者”身份进入万科，而是谋求万科董事会中更多的名额。

这种观点也不是无凭无据。在2015年成功侵入万科后，“宝能系”就曾表示不会改变万科的领导结构。年底，姚振华在与王石的一次密谈中，也曾暗示“宝能系”入主万科后，“王石还是万科的大管家”。只不过王石并不给他面子，公开指责宝能“信用度太低”。积压已久的怨愤再加上“万华”关系的彻底决裂，姚振华敏锐地感觉到这是一次绝佳的机会，所以才会忽然使出撒手锏，提议召开临时股东大会。

要让人下台，就必须有合理的理由，否则难以服众，于是“宝能系”便给出以下两大理由：

（1）在重大资产重组预案中，王石的行为不但严重违反了相关法律法规的规定，而且忽视了公司全体股东的利益，对于有异议的董事所提出来的问题，也没有明确作答，并且对独立董事提出回避的合法性缺乏审查等。

（2）自2008年宣布无实际控制人开始，万科的运作便逐渐偏离轨道。万科管理层的权力还越来越大，甚至越级处理公司事务，将公司股东视若无物。王石作为董事长，负有不可推卸的责任。

然而，“宝能系”的此次行为遭到了万科小股东的强烈抵制，他们认为“宝能系”太过冲动，根本就没有考虑过广大中小股东的权益。并且，“宝能系”选择在这个节点上提议罢免全部董事，根本就是“居心不良”。假使“宝能系”突然发难有充足的理由，那么，作为万科第二大股东的华润，宁愿背负着“一致行动人”的身份，也要紧跟“宝能系”积极表态，这就发人深思了。

“宝能系”发出公告明确反对万科资产重组预案以后，华润也立即发声。这种“默契”行为，不得不让人怀疑它们早已达成某种共识。据内部人士透露，“宝能系”在提议罢免万科现任所有董事前，就已经计划推举华润的吴向东、“宝能系”的姚振华分别担任万科董事长和监事长。

对此，华润对外发布声明称，对于一些股东提请罢免万科董事会、监事会全体成员的公告，华润持有异议，并表示自己始终会站在有利于万科的未来发展角度上考虑问题，再决定董事会与监事会的改组状况。

华润与“宝能系”在反对万科重组预案上的相同行为，被监管部门盯上了。不久，深交所分别向华润和“宝能系”发出关注函，要求它们做出合理解释。华润与“宝能系”也及时回复了深交所的关注函，均否认彼此“勾搭成奸”。华润甚至还称自己的某些行为与“宝能系”存在较大分歧，所以“绝非同一个战壕的战友”。事实到底如何，或许只有他们自己最清楚。

根据相关规定，万科董事会在收到“宝能系”提议召开临时股东大会的10日内，必须予以回复。倘若议案遭到董事会的否决，那么“宝能系”还有权向万科监事会提议；若是依然被监事会否决，“宝能系”即可自行召开并主持此次临时股东大会。但“宝能系”要想罢免王石等董事，必须得到一半以上的股东支持。但从万科股东大会上中小股东的态度来看，他们绝大部分还是支持万科管理层的，所以，“宝能系”如果无法争取到华润的赞成票，也难遂其愿。

王石与姚振华之间有何恩怨情仇

商场如战场，在商业市场中，同行免不了成为劲敌，表面上看起来一片和谐，但内里火药味十足。不过，万科和“宝能系”之间的恩怨情仇，看似是企业之间的正当竞争，其实说到底还是当家人之间的矛盾。

如果非要列举出当今中国最成功的企业家，王石肯定位列其中。先不说国内各个大城市都有万科城，就个人影响力而言，王石也是无人能及的。但若非要计较王石和姚振华哪个更有钱，那就要仔细斟酌一番了。2016 年 10 月，“胡润财富榜”公布的结果显示，“宝能系”的姚振华由于英勇举牌万科的举动，财富排名迅速上升 200 多名，位列“中国富豪榜”第四位。

对此，许多人都将目光投向了姚振华的对手王石，猜想王石对此事会有何感想。有人称，王石掌控万科几十年，却始终无缘进入财富榜，而姚振华在举牌万科短短一年内就坐上了“中国富豪榜”第四位的宝座，这是否暗示着王石辛苦创造的财富被掠夺了？

对于为何没有进入富豪榜，王石曾经给出这样的回答：“1988 年万科股份制改造时，我主动放弃了属于个人的股权。时至今日，我持有的万科股份依然很少。”所以说，王石不是没有机会进入富豪之列，而是“主动放手”。

事实上，在万科股权改造的过程中，王石在股权上所受的委屈并不源于资本，而是当时的社会环境。他的主动退让换来的是自以为是的安全发展，就像他自己说的："虽弃利，却得名。"因此，王石并不是一个敢于冒险的企业家。

1970年出生于广东潮汕的姚振华为人十分低调且神秘，不但从事商业运作，而且身兼数职，曾经担任广东潮联会名誉会长、广东省政协常委等。与王石相比，姚振华虽然知名度有所下降，但是个人背景却不容小觑。根据相关资料显示，宝能集团是在深圳市新保康实业发展有限公司的基础上成长起来的，而新保康则立足于1997年创办的深圳市新保康蔬菜实业有限公司。可以说，这位以卖菜起家的"底层人"凭借巨大的胆量和非凡的能力，为自己悄然构建起一个资本商业帝国。

目前，姚振华主要依靠前海人寿这个核心平台拓展业务。前海人寿身份特殊，不仅含着金钥匙出生，而且在较短时间内便显示出与众不同的能力。它就像一个"不按常理出牌的人"，总是利用高现金价值保险拉现金流。

姚振华对万科垂涎已久，只是苦于没有一个绝佳的机会，直到2015年8月花费数百亿元坐上万科第一大股东之位，才引起王石的注意。那时，王石立刻从国外赶回国内，与姚振华一决高下。回国后，王石首先表达了对姚振华的厌烦，表示"万科绝不欢迎'野蛮人'"。

或许王石怎么也没有想到，自己一手创建的万科竟然会落入外族手里。但对于万科而言，"王石时代"或许已经远去，"野蛮人"姚振华的此次叩门，也证明了王石在万科的地位并不牢固。当然，这主要还是因为王石持有的万科股份太少。

姚振华是广东潮汕人，潮汕人做生意向来讲究低调和先礼后兵，因此在进入万科前，姚振华还专门约见王石在万通控股董事长冯仑的办公室商谈。但是会谈并不愉快。那是2015年7月，当时，"宝能系"

已经增持了万科10%的股份。他们在冯仑的办公室谈了将近4个小时，从晚上10点到凌晨2点，但最终还是没有达成共识。王石后来回忆说："他还是挺健谈的，有点收不住嘴。主要谈了他的发家史，也谈了对我的一份欣赏。但对于这些，我根本就不感兴趣。"

姚振华在那次谈话中还暗示，"宝能系"成为万科大股东以后，"王石还是万科的大掌柜，地位绝对不会变"，但王石似乎很傲娇，并不买他的账。后来，王石回忆说："虽然姚总在那个节点上选择了万科的股票，万科感到荣幸之至，但是他想做万科的第一大股东，我是拒绝的。"

在那次交谈中，华润也成为双方谈论的焦点。姚振华问王石如何确保华润在万科的第一大股东的位置不动摇？王石说他也没有办法。姚振华便立刻反问道："既然如此，那为什么不接受我们？我们也会像华润那样帮助万科成长，而且信任你的团队，绝不干涉你们的工作。"王石回答："姚总你想错了，一切并没有那么简单。我只能说，你根本就不了解万科和华润。"至此，双方的谈话戛然而止，最后不欢而散。

谈话虽然失败了，但姚振华入主万科的脚步并没有停止，还加快了买入万科股份的速度。姚振华分别在2015年8月26日、12月4日两次举牌万科，持股比例很快便超过华润，稳坐第一大股东之位。

王、姚二人的第一次亲密接触，其实已然决定了"万宝之争"的走势。这同时也是王石的失误，既没有看清宝能，也误判了华润，所以才会让这场股权之争愈演愈烈。

傅育宁为何向王石发难

从2000年开始，华润一直稳坐万科第一大股东的位置，双方关系始终非常融洽。但在2016年“宝能系”入股万科之后，两个至交好友突然反目成仇，这到底是为什么呢？

万科刚在深交所挂牌上市时，华润在宁高宁的领导下，接过深圳市特区发展公司的担子，开始控股万科，并成为万科第一大股东。

在主政华润期间，宁高宁与王石私交甚好，所以华润与万科的关系可谓是亲密无间。然而到了2004年年底，宁高宁突然调离华润，出任中粮集团董事长。不过，华润继任者宋林与王石的关系也不差，所以万科与华润的关系依旧融洽。2014年，宋林却因为违反规定被组织调查，离开了华润。接管华润的“救火队长”傅育宁是个非常聪明的人，不但学历高，而且熟知商场资本运作。

接手华润后，傅育宁很快便显露出商业才能，开始对华润进行一系列整合。此前，万科副董事长一直由华润董事长担任，但傅育宁却派华润总经理乔世波接任，这就有些耐人寻味了。此后，傅育宁的种种行为，都表明万科、华润的关系已经今非昔比了。华润再也不会放手万科不管，而万科也不可能完全依靠华润了。

2015年7月，“宝能系”通过三次举牌，成功接替华润的位置，成为万科第一大股东。王石等人上门请求傅育宁伸出援助之手，但都被傅育宁婉拒。一直以来非常支持万科管理层的华润突然性情大变，这让王石一时无所适从。

万般无奈之下，王石只好寻求其他外援，好不容易找到深铁这个合作者，却遭到华润的强烈反对。傅育宁表示："尽管万科管理团队的工作一直做得很好，我们也非常支持他们的工作，但是我们同样很关注万科的公司治理结构。他们在做出如此重大决策时，事先并未通知我们，这肯定不合适，所以我们有权采取一些强制措施。"

傅育宁表达的意思很明确，那就是所有利益相关方都应该看到这场股权争夺战的本质。

2016 年 2 月底，傅育宁与姚振华密谈了一个多小时，具体内容始终未对外公布。但在这个敏感时期，两位大亨的私下拜访行为难免引起外界种种猜想。

众所周知，傅育宁的"身份"其实并不少，他不只是一个学者型商人，更是华润的"救火队长"。2000 年至 2013 年，他一直都在香港发展；2013 年 1 月 17 日，更是被时任香港行政长官梁振英任命为经济发展委员会成员，任期两年。这些不凡的经历，都足以说明傅先生是个实力超群的人才。在出任华润董事长前，他担任招商局集团董事长达 4 年，同时还是招商银行、招商国际、蛇口工业区的董事长。之所以被调去华润，据说多半是因为华润的业务结构也是多元化的，这与招商局极其相似，并且华润在香港拥有 5 家上市公司，而招商经营总部也在香港。但这不是重点，重点是傅育宁还曾担任新加坡最大上市房企嘉德置地的独立董事，嘉德置地曾是中国香港最大贸易公司利丰集团的独立董事。

无论招商系还是华润系，房地产始终都是其中的重点。虽然在宁高宁和宋林任职期间，华润的地产业有了大幅度提升，但与万科相比，差距还是很大。傅育宁是以“救火队长”的角色进入华润的，他深知房地产行业的内幕，也有强烈的野心，所以不可能不与万科竞争。

作为“空降兵”，改变华润是傅育宁的任务，对万科这个“小弟”，他根本不会讲情面。更何况他与王石并非朋友，因此没什么情怀可言，打破现状才是硬道理。“宝能系”的侵入，让他决定走到前面；万科管理层引入深铁，则让他找到了一个合理的借口。

其实，傅育宁登上华润董事长之位后不久，就做出了一个惊人的举动——停止华润三九与双鹤药业的整合项目。对于此事，他的解释是：“之所以要停掉这个项目，最主要的原因是我认为中药与西药制造关系不大，整合在一起没什么效果。”

从 2000 年，王石首次将华润引入万科董事会，这便成为他职业生涯中最具远见的一个决定，之后，王石更是无数次在回忆录中提及过此事。但值得注意的是，万科当时的年销售业绩还不到 40 亿元，而华润的地产业务更是少之又少。双方在这样的背景下选择联合，虽然有多重方案做支撑，可华润最终还是选择了这场“无性婚姻”。

正是这场“无性婚姻”，使万科管理层能够放手一搏，迅速成长为行业内的佼佼者。因此，万科与华润的结合可谓世界商业史的经典案例。但经过此次事件，王石再回顾十多年前的那场“无性婚姻”，感觉就像是做了一场游戏。因而，在傅育宁眼里，既然万科已经成长为一个大组织，那就不能一直陪它“玩耍”。

尽管王石年长傅育宁 6 岁，但傅育宁学历高，属于“精英”型。相比之下，王石则显得有些“小家子气”了，他学历并不高，属于“自学成才”型。所以有传言说，王石之所以有名校情结，就是为了弥补学历上的缺陷。另外，在经历上，两人的差距也较大。万科虽然由国企控股，但并不是绝对的国企，更像是国企的“义子”，有名分却没有血缘关系。而王石作为万科的掌舵人，即便一直很受华润的器重，但终究“档次不够高”。可是傅育宁则不同，他不但出身高贵，而且是典型的“体制中人”。

可以说，傅育宁与王石，一个出身于“上层社会”，一个是“从底层爬上去的”。底层人无论如何成功，都难免会遭到轻视。更何况，这个“底层人”太有个性，根本就不屑与那些“上层人士”为伍。因此，虽然宁高宁与宋林都能与王石保持友好的关系，但傅育宁却做不到。

作为华润的掌门人，傅育宁的目标只有两个——保值与增值，保值是基础，增值是保障。作为看管央企库房的人，傅育宁决定与王石好好算一笔账。所以，反对深铁入局这件事，原本可以通过其他方式通知王石，但傅育宁却选择了诉诸媒体这个反响最大的方式。

个性鲜明的王石可能听从别人的安排吗？绝对不可能，所以王石与傅育宁之间必定会矛盾重重。这在外人看来似乎异常精彩，可是在他们相互争斗时，难免会有“渔翁”趁机获利。与其这样，不如再度联合携手退敌。

三大主角如何撇清错综复杂的关系

2016年6月18日，停牌半年的万科决定推行重组预案，但是在随后的董事会上，却遭到华润3名董事的强烈反对。其中，黑石中华区主席、万科独立董事张利平认为和自己存在利益冲突，于是申请中立。如此，由11名成员组成的万科董事会，实际参与投票的只有10人，最后，7人投了支持票，3名华润董事集体投反对票。

对于此次预案是否算通过，双方各执一词。万科表示，投票率已达到7成，远胜法定的2/3，所以表决结果合法有效；但是华润则声称，即便张利平选择弃权，他也属于董事会成员，所以他的1票也应该算上，这样的话，投票率就未超过法定的数额，表决结果无效。双方还专门请自己的律师团，就张利平这1票是否该计入总票数内展开激烈的辩论，结果一无所获。

根据相关法律规定，与上市公司的某次董事会会议有利益关系的团体或者个人，均无权对该项投票过程行使表决权，更不能替代其他成员行使表决权。该董事会会议由过半数的无关联者出席便可举行，会议的决议必须经过半数的无关联董事投票方可通过。出席人数不足三人的，应该提交上市公司股东大会审议通过。

倘若万科内部章程也规定了2/3的法定条件，那么按照10人来统计似乎更加合理一些。但遗憾的是，《中华人民共和国公司法》与万科章程中都没有直接规定“2/3 无关联关系董事”这一项，因此，继续较真儿似乎也没有太大意义。

那么，万科与华润这两家企业互相撕扯的原因到底是什么？

相关资料显示，万科此次重组预案是以每股 15.88 元的价格，共计发行约 28.72 亿股A股股份，用来收购深铁所持有的前海国际的全部股权，初步交易额高达 456.13 亿元人民币。

一旦完成交易，深铁集团将拥有万科 20.65%的股份，稳坐第一大股东的位置。只要预案通过，万科的总股数将达到 139 亿多股。到那时，华润所持有的股份将被摊薄，降位至第三大股东。这换谁都难以接受，所以，华润的过激反应也在情理之中。

可是，“宝能系”和华润最终又是如何走在一起的呢？

事实上，在“宝能系”狙击万科初始阶段，华润的态度并不明朗。但做了 16 年大股东的华润，必然不甘心就此“退位让贤”。

华润持有的万科股份远远低于“宝能系”，至于如何重登第一大股东的位置，华润应该有自己的打算。据了解，“国家队”还持有 9.5%的万科股份，华润对此垂涎已久，只要能够得手，那么夺回第一大股东的位子便指日可待了。

但是理想很丰满，现实却很骨感，要得到这部分股权并不容易，除非“国家队”退场。最为重要的是，一旦深铁成功入主万科，华润即便拿到了“国家队”那部分股份，也难以坐回第一大股东的位置。

而万科要实现引入深铁的目的，还需再通过第二次董事会会议以及临时股东大会的审议。也就是说，最终的投票权还握在那些董事和监事手里。

vanke

PART 04

舆论之眼

支持王石，还是拥护宝能？

舆论的力量一直非常强大，甚至可以决定一场“战争”的结果。对于“万科股权争夺战”这场历时两年多的战役，支持王石和宝能的人都各执一词。有些人认为，王石当初不该站在道德的制高点上指责宝能“信誉低下”，而应该表现出宽阔的胸怀愿赌服输。

其实不然，王石代表的不仅是个人的名誉，他还要为“全体股东的利益”负责。可是宝能却与其他股东的利益并不一致，所以王石批评宝能的行为并不是道德抹黑，而是提醒中小股东分清主次。因此，作为“中小股东”代表的王石，对宝能说“不”也在情理之中。如此，王石不但保护了管理层的利益，更是守护了全体中小股东的权益。

另外一些拥护宝能的人还认为，宝能是按资本市场规则办事。但问题的关键在于，作为一家保险公司，宝能的豪赌行为真的合适吗？也许太多人看到的都是它在收购万科股份后所获得的巨额利益，可是这些盈利未必能安全地落入宝能囊中。宝能一旦减持，势必引发市场动乱，更何况，宝能利用高杠杆的行为极易引发严重亏损，因此风险极高。

其实，舆论支持哪一方并不重要，关键是万科、宝能、相关监管部门都要时刻保持清醒，绝对不要在极度不冷静的情况下，做一些吃力不讨好的事。

舆论站在王石这边为哪般

2015年12月18日下午1点，万科A股宣布暂时停牌，待公司刊登相关公告后再复牌。这突如其来的一招不仅阻止了“宝能系”的进一步增持计划，也为万科管理层赢得了寻求外援的有利时机。至此，万科管理层由被动逐渐转变成主动。

在接下来的股东大会之决战中，最终花落谁家，那就要看各自的造化了。而王石这一关键性人物将会采取何种行为迎接新挑战，显得尤为重要。

据相关媒体报道，2015年12月17日，王石在一次内部座谈会上首次提到自己以及万科管理层对“宝能系”举牌万科的看法。他提到，在宝能增持万科股份到10%时，他在冯仑的办公室里约见了姚振华，当时他向姚振华传达了两个意思——绝对尊重对方；特别想领略姚振华的个人魅力。

而姚振华也表示，“宝能系”成为万科大股东后，王石还是掌门人。然而王石却明确表示不欢迎“宝能系”成为万科大股东，理由是“宝能系”信用度太低。王石说：“作为一家上市公司，谁成为股东是无法掌握的，但是谁当第一大股东，我们却有义务督导，毕竟企业要对广大的中小股东负责。万科这么多年靠的就是严密的制度和优秀的团队，这也是那些中小股东一直支持万科的理由。可是‘宝能系’的一些做法并不光彩，这些行为可能会毁掉万科最重要的品质——品牌信用。”

近年来，万科在国际上的信用度极高，融资成本也非常低，甚至低至4%。一旦“宝能系”融入，它的“前科”极有可能会影响到万科的声誉。因此，王石便放出话：“只有当宝能的信用赶上万科时，我才欢迎它做大股东。”

此外，王石还认为，宝能收购万科股权的第一笔资金来自短期债务。虽然万科的股票可以随时买卖，但只要超过5%，便不再是短期投资，而是长期股权投资。可是短债长投的风险极大，并且，“宝能系”利用循环杠杆已经毫无退路，一旦支撑不住，只能宣告破产。

试图以高杠杆资金撬动万科的宝能，遭到了王石等人的强烈反击。这场战役才刚刚打响，为此，王石可能采取的计划或许有以下四个：

(1)“毒丸计划”。虽然“毒丸计划”是王石的救命仙丹，但此计划只是一种“理想化的武器”。事实上，在宝能控股权达到22.45%之际，按照规则，“毒丸计划”已很难实行。根据国家相关法律规定，万科若实行“毒丸计划”，需要经过董事会和股东大会的同意，修改现有的公司章程。但“宝能系”已成为第一大股东，又怎么会同意此计划的执行？

再者，尽管中国资本市场可以通过转换公司债券、非公开增发等方式自救，但都需要通过证监会的审批，而且审批流程复杂，时间长，风险大。

(2)“焦土政策”。有人说，如果“毒丸计划”无法实行，那么王石他们还可借助“焦土政策”自救，具体做法是：在董事会改选之前，全面放缓自身业务，低价出售所有资产，迫使万科股价大幅下降，从而让宝能爆仓，这样一来，宝能必然会撤退。

但这种方式并不可行，它会损害万科众多中小股东的利益，因为现阶段中小股东是万科最强大的力量。此外，做低股价未必会逼退宝能，或许还会提升其增持的机会。以王石的性格，他绝不会通过这种费力不讨好的方式抹黑万科。

（3）寄希望于华润。自从失去万科第一大股东之位，华润对外的态度始终是“不予置评”。但在2015年8月“宝能系”拥有的万科股权首次超越它时，华润也曾斥巨资连续两日买入万科A股，这说明华润有能力重回第一大股东的宝座。不过，当时华润的行为，只不过是对万科主动请求的一种回应罢了。

但是在宝能持续大举增持后，华润几乎不可能再次伸出援手。据业内人士分析，宝能与安邦新一轮的举牌资金均源于投保人，这是华润这种实业公司无法比拟的，因此华润不可能再度增持万科股份。

（4）狙击董事会。万科也并不是走到了穷途末路，在王石狙击“野蛮人”的主要节点上，争取中小股东的支持才是重中之重，而王石对这一招式的运用游刃有余。

早在1994年，王石就努力争取众多中小股东的支持，从而在“君万之争”中大获全胜。王石说：“中小股东就是万科的大股东，相信无论何时，他们都会站在我们这边。”也就是说，他已经将全部的希望都寄托在中小股东身上了。那么，中小股东是否还会义无反顾地支持王石？

其实，只要是资本市场的敌意收购，上市公司的管理层都会相当抵触，但一般情况下，管理层与大股东是“共同体”。万科的特殊性就在于：股权过于分散；大股东华润极少介入公司内部事务；华润作为国企，决定策略的效率不高，王石等万科管理层成为“实际控制人”。

但是王石他们不仅是实际掌控人，还持有一定比例的股份，因此，他们对宝能的抵抗，不只是管理层的抗击，还代表着小股东对新闯入的大股东的反抗。所以，王石的反击无可厚非。

再者，王石作为管理层的重要一员，不但要维护自身利益，而且要为“全体股东利益”负责，但宝能与其他股东在利益诉求上并不同。而且在宝能如愿获得控制权之际，王石他们必定会“集体离家出走”，由于他们的独特影响力，万科的品牌价值必然被破坏，这也会损害中小股东的利益。宝能成功入主万科，不仅能提高名气，还能让万科与旗下的其他企业进行“关联交易”，从而获取利益。但这些好处，小股东们却无法获得。

因此，王石强烈反击宝能的行为并非单纯道德上的对抗，也是提醒中小股东们什么是短期利益、什么是长期利益，更是为了表明，宝能与中小股东的利益有所不同。所以，代表中小股东利益的王石团队拒绝“宝能系”的加入，不只保护了管理层的利益，更维护了全体中小股东的权益。

但也有人站在“宝能系”那边，表示“宝能系”并没有违反资本市场规则。对此，业内相关专家分析道：“从表面上看，宝能收购万科获益颇多，但是这些利益或许无法‘落袋为安’。一旦宝能减持，市场必会大乱。最要命的是，宝能资金是‘凭借杠杆，毫无退路’，届时不仅难以获利，出现严重亏损现象也不是不可能，因此风险太大。”

倘若宝能明知风险巨大却还是一意孤行，那么，只要这种行为得到认可，就势必会引起公众对其资金安全性的猜疑，所以宝能的做法缺乏稳定性。

当然，事情发展到这种地步，王石也需要进行深刻反思：第一，早在“君万之争”时，王石就应该重视起控制权的问题，资本市场上，无论马云、刘强东还是柳传志，他们都将控制力牢牢抓在手上，而王石却多次忽视这一重要方面。第二，以王石的智商，这一问题并非难以解决，主要是他太过“清高自傲”，认为做“万科大管家”挺好。但问题是，谁能保证他永远都是“万科大管家”？即便没有君安、宝能，万科也难免会被其他企业盯上。

事态进入新的发展阶段，从舆论的角度上看，支持王石的占大多数。这是因为，如果宝能获胜，王石被踢出局，万科管理层势必剧烈动荡，这就变成了中国企业家史上的一大悲剧。但如果“宝能系”被击退，王石等人大获全胜后，也能够立即修补控制权的巨大漏洞，那他们将会获得更大的收获。

业界大佬——力挺王石的一股清流

“万宝大战”既是一场资本大战，也是一场舆论大战。除了备受各方媒体的格外关注外，业界大佬和广大网友也对这场股权之战给予了高度关注。其中，大部分人都明确表示力挺王石与万科，希望他们能够顺利渡过难关。

地产大佬任志强不仅在微博上转载了王石的内部讲话，还专门做出点评，说王石说得很好。尤其在万科停牌当天与潘石屹在微博上互动时，他更是转发并评论了万科的公告，声称：“在必要的情况下，适当延期并无不可。”

SOHO中国CEO张欣评价王石是值得人们尊敬的前辈，有着强烈的浪漫理想主义情怀和坚强的意志。可以说，他成就了万科，万科也成就了他，他注定是个具备传奇色彩的英雄人物。

中石化董事长傅成玉说，无论王石曾经如何“误入歧途”，他都是一个成功的商人，正是他一直在努力维护万科的品牌价值与股东利益。尽管他对现有大股东采取了不合适的方式，但反对“宝能系”的进入，确实是为了维护万科的长远发展。

当当网CEO李国庆发声说：“虽然我和王石的私交甚浅，但是针对此次股权之争，我很想为他打抱不平。王石公开表示出对股东的好恶，并不等于不尊重资本市场。而且他对宝能价值观的蔑视，也不是看不起民营资本。从某种角度来说，王石目前应该是半退休状态，他依旧在世界各地为万科做形象代言，所以年入千万的薪资并不高。”

著名财经媒体人吴晓波表示，宝能的“野蛮入侵”，可谓是中国企业史上的一大悲剧，因为我们在其中无法发现任何与进步、负责有关的行为，这压根就是一场明晃晃的掠夺，结果可想而知，不仅会造成人才流失，还会彻底损毁万科的企业文化。

易居中国董事长周忻在微博上表示，万科的价值在于其体制让领导者感受到了强烈的归属感，而不是有些人认为的“钱多”“地多”。因此，任何恶意的恶劣介入，最后都必定作茧自缚。

清华大学教授李稻葵认为，“万科股权之争”说到底是机制问题。再重要的企业，一旦进入上市圈，就必须依照规矩办事。当年，乔布斯创办苹果不久，也是被人赶了出来。所以，王石如果是真英雄，就按照资本的规则“杀回来”，“只要你有真本事，当万科有难时，他们还是会请你回来。只要是真英雄，你定能东山再起”。

冯仑、潘石屹、兰世立、刘姝威等业界大佬，也纷纷站出来力挺王石。而著名经济学家马光远则发文表示，“宝能系”收购万科这场股权战役，是他遇见的再普通不过的案例。所谓资本市场，其实只是一种“商业游戏”，如果你想进入上市公司，就必须接受它的游戏规则，否则就是耍流氓。只有对规则有着虔诚信仰的人，才会维护广大股东的利益。万科控制权争夺战所反映的情况说明，中国的一些精英阶层仍然需要得到法律和规则的保护。

一家权威媒体针对“万宝之争”发文称：“企业追求资本是人之常情，但并不是每一次恶意收购都能推动社会的发展。无论是哪种投资形式，对目标公司的伤害都在所难免。至于这种伤害涉及的空间和时间，则更加难以判断。所以业界许多大佬均站出来力挺王石，也是再正常不过的事情。谁也不想让自己辛苦打拼多年的企业，一夜之间变成别人的，而自己则从‘管理者’变成‘打工者’，甚至卷铺盖走人。‘万宝股权之争’的操作模式具有示范效应。在没有确认宝能收购资金是否合法前，倘若对其放任不管，由此造成的影响将大过股灾。”

王、姚的最大区别是什么

2017年2月，保监会做出中国保险业史上最严厉的一项处罚——撤销前海人寿大掌柜姚振华董事长之职，勒令其十年内禁入保险业。

众所周知，从2015年7月开始，“宝能系”便大举进攻万科股权市场，只不过在当时并未引起重视，这是因为，崇尚情怀的王石轻视了菜贩子出身的姚振华，认为姚振华是“小泥鳅掀不起大风浪”。然而随着事态的进一步发展，王石感受到了沉重的压力，决定立即结束“风花雪月的日子”，重出江湖拯救万科。然而，此时的资本市场已不再讲什么“情怀”，而是一个自由化的市场了。

“宝能系”的持股已接近要约收购的条件，因此便决定停止增持。期间，姚振华还发布公告，要罢免王石等人的职位。在宝能的步步紧逼下，万科管理层屡次指控宝能运用“万能险”购股的行为违规。但是作为资本市场主管的中国证监会，当时并未明确表态。

事实上，姚振华心里也憋屈。若干年前，他从实业进军保险业，股灾时又频繁举牌充当“股市接盘侠”，可是万万没想到，行情说变就变。

2012年，新一轮保险业市场化改革开始，相关部门明确表态，资本市场要依靠险资力量促进发展。于是，“宝能系”“安邦系”“恒大系”纷纷筹集巨资，相继加入进来。但令人费解的是，保险业“大哥大”平安、人保、人寿等却并未有所动作。或许，万科这样的“唐僧肉”虽然好吃，但风险太大，因此，平安、人保这些以低成本保险资金为主的领头者们不想参与进来。但是俗话说得好，富贵险中求，所以姚振华才要赴汤蹈火，而结果收获也没令人失望。

不过，险资引发的震动太过剧烈。2016 年 12 月，证监会忽然转变中立态度，严厉地斥责资本市场出现了“吸血鬼”。保监会也紧随其后，修改了原有的规定，明示险资入市不能为了控制上市公司，只能从事财务投资。

而此时，“宝能系”竟然不知深浅地大笔购入格力股票。“女超人”董明珠立即反击道：“宝能一旦成为中国制造的破坏者，必定会成为千古罪人。因为在虚拟资本挟资金优势收购实体经济企业的市场状态下，中国的实体经济根本无法健康发展。”有业内人士分析，倘若“宝能系”顺利拿下万科，那么中国经济必将后退数十年。在这种舆论攻势下，“宝能系”逐渐处于不利地位。

如今，股灾早已远去，即便偶尔有些波动，那也是正常现象。所以对于一些部门而言，压力已然消退。而险资入市所呈现出来的问题却显露无疑，监管层再不发话，后果将不堪设想。可以说，姚振华最终还是栽在了变化无常的市场里。

从某种意义上说，王、姚二人最大的区别在于心智模式。王石向来自律、感恩、注重情怀，而姚振华身上却有一股自由散漫的气息，更像是一个永不知足的“贪食者”。

当 1951 年出生的王石凭借对于万科的掌控和个人能力，在资本市场“死灰复燃”时，1970 年出生的姚大老板却因一系列违规行为被中国保监会严厉处罚。而最可叹的是，就在不久前发布的“2016 年胡润百富榜”上，姚振华还以“财富平均一周上涨 20 个亿”的速度，仅次于王健林、马云、马化腾，位列中国富豪榜第 4 名。可是万万没想到，他的大起大落竟然来得如此之快。

尽管王、姚二人境遇不同，但两人相似之处却颇多，都是平民创业的典型代表，勤奋且低调。王、姚二人最为相似的还是对商机都很敏感。创业初期，二人显示出相同的认知能力，其中也存在一些微小的差异，也正是这些差异决定了他们不同的命运。

从一定层面上看，王石做事专一，以发展为主，注重服务质量、声誉、情怀、企业文化，以及员工行为的长期性、行为的合法性等。比如在万科上市时，王石就反复提醒自己，一切行为要符合相关部门的规定，绝不违规。而姚振华喜欢一心多用，只要能够赚钱的行业都要“捞上一笔”。例如，在2006年介入深业物流集团改制时，姚振华便运用改革优化了这家企业的现金流，但是他真正看上的却是这家企业背后的资本。据相关资料显示，为得到深业物流集团，姚振华共拿出2亿成本，但获得的利润超过600亿。

通过比较可以发现，王石注重价值创造，而姚振华关注的是价值转移。万科为广大消费者创造了前所未有的享受价值，提升了社会总福利，这就是模式核心；而姚振华则是发现和利用资产价差，较少创造社会福利，只是对现有资产进行价值重估和转移，这种方式更多的是“改变资产性质”。姚振华进入万科后虽然抬高了股价，但机构投资者逐渐离去，因为其中存在太多不确定性，所以，万科价值呈现直线下降趋势。

市场确实需要发现者，但更需要创造者。中国资本市场之所以远不如西方市场，关键因素还是创造者太少，而玩家太多。以前，姚振华考虑最多的是如何扩大财富和膨胀估值，而如今最应该思考的是怎样将财富做正，从而创新价值。

一场关乎“人品”的权力争夺战

自从2015年7月“宝能系”斥巨资举牌万科，“万宝之争”便始终稳居热搜榜前列。其实这种事倘若发生在其他企业，充其量会被称作“大资本”的举牌，一切都会顺其自然地发展下去。但这次“宝能系”盯上的是中国房地产行业的“龙头老大”万科，万科的创始人王石怎么可能束手就擒？所以，称“宝能系”掌门人姚振华是“站在门口的野蛮人”，而“宝能系”被讽刺为“违规的赌徒”。

这件事情原本也没有引起太多关注，但一些媒体突然站出来评论姚老板的“人品”有问题，尤其是炒作姚振华娶女秘书的“秘闻”。

据这些媒体报道，姚振华在深圳办公室的电脑上搜索自己的名字，结果跳出来的都是负面词汇，如“鸨能系”“姚正滑”“土豪”“靠山”等等。这位潮汕商人惊慌不已，这时，他对身边的女秘书说：“赶紧联系相关网络，请他们设置一下，以后绝对不要在网上搜到我的名字！”不久，那位女秘书成功上位，变成了姚振华的正房夫人。

同样是追求异性，为什么有些人就是真爱，而有些人就被看作耍流氓？这实在是令人疑惑不解。

王、姚二人都可谓最成功的企业家。王石是引领媒体圈争相报道的情怀拥护者、高格调的社会名流、国内最知名企业的“大管家”；

姚振华是践行潮汕人赚钱致富之路的人才、闷声不响便发家致富的“土豪”、怀揣资金四处投资的资本新锐。若是不问理由，媒体肯定会站在王石那边。毕竟和姚振华比起来，一则王石媒体界的朋友较多，二则他代表主流一方。不过不得不说，这太过主观了，从内里的分析来看，“攻守双方”其实是有差距的。

（1）职业生涯。1980年，王石考入广东省外经委，负责与招商引资相关的项目，是个名副其实的公务员；6年后，到深圳依靠贩卖饲料和玉米，挖掘了人生当中的第一桶金。王石曾经说过：“万科除了犯法的事情不做之外，基本上都做了。”

而姚掌门发家致富的根源是卖菜，宝能集团也是在1997年创办的深圳市新保康实业发展有限公司的基础上成长起来的，是一个典型的“菜篮子工程”。通过对比，我们可以发现，双方的创业起点不相上下。

（2）公众形象。王石的社会影响力很大，这主要得益于媒体的传播能力和他对生活品质的追求。王石在创办万科时，就曾豪情万丈地说过“万科绝不行贿”。这点确实值得称赞。而且这么多年以来，万科的行为的确令人刮目相看。王石也更喜欢与文化名人打交道，因此媒体便更倾向于他。此外，王石还非常注重自我修养的塑造，数次攀登珠峰、在商界广泛布道、海外求学等，无一不显示出个人魅力。

相对而言，姚振华有些低调了。秘密创业，绝不抛头露面，不过商业手段有些简单粗暴。据内部人士透露，尽管姚掌门给一些员工开出的薪资非常高，但只要员工达不到要求便会立刻被开除，就连秘书也是隔三岔五地就换人。这给人的感觉就太过“残暴冷漠”了。各大媒体在评论姚某人时，似乎也带有某种偏见，在这种思维惯性的影响下，姚振华必定会处于舆论劣势。

（3）对外发声。王石在“内部讲话”中，明确表示“绝不欢迎‘宝能系’加入万科”，理由是对方信用度太低，不利于万科的发展。万科管理层人员立即附和表示“绝对支持王石”，强调“任何人都要讲规则，宝能有义务交代钱的来源”。所以说，万科从一开始就站在道德制高点上审判大股东，甚至还喊话监管部门，要求调查“宝能系”的资金来源是否违法。

在王石的带领下，万科可谓是万众一心。王石还到处寻找盟友，试图击退“野蛮人”的入侵；甚至还想过运用“毒丸计划”打击“宝能系”，颇有釜底抽薪之意。

而姚振华却只是公开表态：“我们并非‘野蛮人’，对于万科一直怀有崇高的敬意。很多媒体的报道和评论毫无根据，只是一味猜测，好像宝能控股万科会害了万科一样，这种预想太过主观。”对比起来，姚先生的态度还算温和，似乎并没有传言中那么凶悍。

当然，以上三个方面或许并不完整，但从各方面所表现的情况看来，这明显是一场极不对等的权力争夺战，“出身”“人品”和“公信力”都不对等。也正因如此，战争初期，主宰舆论的只是万科。万科一边说宝能利用高杠杆恶意收购的行为会损害万科的信用度，一边又说此时大量买入万科股份稳赚不赔，但稳赚的合法投资有哪些风险却始终无人问津。

如此，媒体品牌的力量不容小觑。媒体支持哪一方，哪一方就可能抢占先机。这种机遇或许就是品牌的延伸力，关键时刻能够为自己争取更多的话语权。然而，商战毕竟不是舆论战。随着更多媒体的加入，不利于王掌柜的因素也逐渐多了起来。

有人曾表示疑惑，万科作为一个实施科学管理的大公司，为什么会让已经退休的王石代表管理层对外发声？这是否不利于企业的治理？倘若万科不欢迎所有资本的加入，为何不提前向外发布公告，或者寻找合适的投资者？数年来蓬勃发展的万科，何以被一个卖菜起家的“土豪”打败？难道是万科的实力不如宝能？2015 年 8 月，万科一座位于天津的小区在天津滨海大爆炸中被毁坏，万科股票因此大跌，宝能系“乘虚而入”。这时，万科的管理人员缘何未大规模增持股票？

从事态的发展进程上分析，万科最终成功稀释宝能股份的可能性很大，只是还需要时间。也许股东依然能够重整旗鼓，令“野蛮人”丢盔弃甲，但需要思考更多的是，这场股权争夺战到底是不是一场关乎“人品”的权力之争？不过，这场争斗一定会留给中国商界一个新的启示：险资的兴起，预示着中国经济已经从实业进入金融时代。正如当初开创实业时代的那群“赌徒”塑造了规则一样，新时代同样需要更多的“赌徒”重塑规则。毕竟在当时，与国企玩命的“赌徒”并不比目前的“野蛮人”更加可靠。

舆论主导下的法律界定在何方

随着时间的推移，“万科股权争夺战”的火势逐渐蔓延，发展成为一场乱局，而乱局注定无法分清孰是孰非。然而，竞争各方在资本博弈之时，面对势均力敌的对手，竟然还有精力将商战变成“口水战”。因此，尽管部分事项已步入法定程序，但在舆论的主导下，法律界定早已含糊不清。因为大家宁愿在网络上逞口舌之快，制造舆论压制对方，也不愿认真思考如何走法律途径，按法规办事，甚至在混乱之中，法律已经成为有心人攻击对手的工具。

从“万宝之争”的发展态势可以看出，当介入者数量不断增加时，全面混战便开始出现。“宝能系”与万科都在努力维护自己的战场，在舆论界竭力抹黑对方。

全面混战到底有多乱？我们从各方陆续发布的公告便可略有所知。这些混战都在舆论基础上建立起来，各方似乎都被传染了“依附舆论症”，从而忽视了争议本身。这样一来，不但公众关注焦点被迫转移，就连最本质的东西也相继丢失了。

2016 年 6 月 23 日晚，“宝能系”于公司官网上发布公告，明确反对万科发行股份购买深铁持有的前海国际股权，并且还强调，万科董事会和监事会违反相关职责，损害股东利益，丧失独立性，不利于公司的长期发展。

基于此，万科方面迅速做出回应，称一切行为均合理、合法。另外，万科的最大自然人、王石的好朋友刘元生随后向七部委举报了“宝能系”。在信中，他义愤填膺地指责宝能与华润存在“一致行动人”的关系。万科工会也紧随其后，控告宝能损害了股东的权益。这场舆论大战由此变成“股权混战”。

不论是“宝能系”喊话万科，还是刘元生的诉讼以及万科工会的维权，从表面上看，这场纷争已然逐步走向法律程序。可细察之下不难发现，这些公告都不完善，与其认为是通过法律解决问题，倒不如称其为利用舆论争夺话语权。

这不是毫无根据的胡乱推测。从宝能的指控上看，它所得出的结论只不过是一个结果，并不具备法律效力。它的公告多是专家罗列的观点，但法学专家的个人看法并不等同于法律。至于刘先生的举报信，似乎都只是“猜测”，虽然分析得头头是道，但掺杂的主观臆断太多，而且在陈述法律条文时存在众多失误之处。万科工会的诉讼也不合理，一来，宝能已经成为万科的大股东；二来，宝能尚未拥有万科的实际控制权。如此，它只不过是一个局外人，又如何“侵害股东权益”？

事实上，“万宝之争”发展到这个地步，并非毫无理由。例如，从事情的演变过程和各方的处理方式上分析，占据大篇幅报道的总是“非官方的舆论观点”，而“官方裁判”却迟迟未出场。这又如何不导致脱离控制的混战，在舆论的影响下逐渐变得失常？

所以说，在这场股权大战中，舆论不但给战局“添乱”，而且还在一定程度上映射出一些隐秘的问题，这些都需要深度挖掘。

“宝能系”的姚振华被称作“土豪”，身上带着潮汕人与生俱来的好奇和直爽，只要是能够赚钱的行业，他都想试一试。因此，即便万科有过硬的后台，实力强大，他也要来分一杯羹。更何况在许多年前，他就曾经运用同样的手段成功入股过一家大型企业。

同时，姚振华的此次行为是在股灾平息之后实施的，自诩为“股市接盘手”的姚振华，怎么可能轻易就放弃万科这块“唐僧肉”？

万科这个房地产行业的领军企业一直是行业内的标杆，对于它来说，股权之争的实质只是寻求一个简单的规则罢了，但要达到最终的目的，就要接受股权规则的约束。

时至今日，万科在行业内广受赞誉的同时，各方对万科管理层的质疑也逐渐增多，比如合伙人制度的短板、内部人控制的“黑幕”、王石个人薪酬有违常规等议论层出不穷。然而对于这些疑问，万科管理层均未作答。万科管理层也在不断增持股份稳固自己的地位，但若是他们能够改进现有的管理模式，结合不断增持的发展势头，提升自身的地位也不是不可能。

“万科股权争夺战”的混战局面，预示着双方“自我裁决”的方式不是依据规则，而是依靠规则外衣之下的舆论。尽管民事诉讼法的规则为“民不告，官不究”，但是作为市场监督的政府部门，对于这场股权大战暴露出来的诸多疑点，应当充分发挥自身力量，担当起相关的责任，而非置之不理。假如在舆论的“引导”下，这场股权大战已经触及法律与监管的痛点，监管部门应该坚守一定的规则进行评判，切不可为附和舆论而强行干预。

vanke

PART 05

“毒丸计划”

万科抵制敌意收购的后发力量

2015年12月18日，万科突然向外部发布公告，宣称正在筹划股份发行，用于重大资产重组及收购资产。这或许预示着万科即将推行“毒丸计划”，目的是大量稀释“野蛮人”的股权，让它无利可图。

凡事说起来容易做起来难，万科在启动“毒丸计划”的过程中，必须要做多方面的考虑。再者，如果万科管理层力排众议，实施了“毒丸计划”，那能否逼退宝能这个“野蛮人”？对自身又会产生哪些不利的影响？这是大家最为关注的问题。

有人说，尽管“毒丸计划”看似已经成为万科自救的神丹妙药，但是此计划只不过是广大看客心目中的理想化武器罢了。根据当时的章程来看，万科想要顺利实行“毒丸计划”难度太大，且不说第一大股东“宝能系”不会让此计划如期进行，就连相关部门可能也通不过。所以，“毒丸计划”能否成功实行还是一个问号。

"毒丸计划"能否逼退"野蛮人"

1982年，美国著名并购律师马丁·利普顿发明了"股权摊薄反收购措施"，也就是众所周知的"毒丸计划"。简单而言，一旦企业遭遇恶意收购，尤其当对方占股比例已高达20%的时候，为保住自身的控股权，被收购企业便会大量低价增发新股，目的就是摊薄收购方手中的股权，提升收购成本，使收购方无法合理控股。

"毒丸计划"的实行，至少会产生两个结果：其一，威慑恶意收购方；其二，削减恶意收购方。比如2005年新浪被盛大收购时，就是采用了此计划，最终迫使盛大放弃收购计划。

"万宝之争"继续升级，王、姚博弈连续升温。2015年12月18日，万科A股开盘即被封停，因此王石再也无法淡定，不仅直指宝能"信用度过低，不是万科欢迎的对象"，而且还紧急宣布停牌，明确表示筹划重组及收购。对于王石的指责，"宝能系"的回应是："宝能的收购行为绝对合理、合法，只是起点确实不太高。"这里的"起点不高"指的是姚振华原本是卖菜出身，并且此次收购利用了高杠杆，通过大量举借债的策略如愿以偿坐上万科第一大股东之位。

资本市场上的收购和被收购向来再正常不过，大小企业可以互相收购，也可以转让股权或者通过资本收购，但都要以不违反相关法律与规则为前提。可是在资本市场上，还有一种收购行为被称为“野蛮收购”，即利用高杠杆或目的不纯的恶意收购行为。其中“野蛮”的成分到底有多高，那就要看达到收购目的后的企业的发展状况以及收购者的种种表现。

当然，倘若只是因为收购者利用了高杠杆，就判定这是“野蛮”收购行为，可能并不合适。其实，凡涉及重大收购，除非收购者资本雄厚或者拥有强大的后台，否则多少都会使用一些高杠杆，所以，完全“野蛮”或许并不可能做到。而真正需要关注的是收购后采取怎样的方式促进企业成长，而不是将企业置于死地。

在万科看来，“宝能系”通过股权多重交叉质押，杠杆倍数达到3倍，因此绝对是高杠杆收购行为。但在宝能收购万科目的并不明确的情况下，其“野蛮”性质到底有多强很难判断。如果收购后万科发展得更好，那么就算是利用了高杠杆，其收购行为也并不“野蛮”。

据传，在宝能持有10%的万科股份时，王石就曾明确表示不欢迎宝能的加入。如此看来，会不会是因为王石的“恶劣”态度，让姚振华千方百计地成为万科第一大股东？这只是一种猜测，至于事实到底如何，时间会给出答案。可是我们不禁要问，王石为何如此排斥姚振华的“宝能系”？原因有三：首先，王石不甘心让自己辛苦打拼半生的万科落入他人之手；其次，万科的发展一向循规蹈矩，而宝能收购万科靠的是高杠杆，以这种方式进入万科，王石绝对无法接受；最后，宝能的“出身”与万科现有大股东华润、安邦等相比，未免太“不入流”，万科这样高傲的企业，又怎能接受自己的股权被“低档次企业”掌控？

事实上，对于“宝能系”的收购，别说控股，就是“宝能系”只要求进入前十大股东之列，万科也是心不甘情不愿。但事实却是，“宝能系”已经成为万科的第一大股东，并且只要再增持7.55%的万科股份，王石只能“退位让贤”了，取而代之的将是“出身卑微”的姚振华。

假使在宝能持股万科10%时，万科采取有力的措施“护盘”，便可运用增发股份、吸引新盟友、与华润增持股份等手段，制止宝能成为万科第一大股东。那么，万科为何只是对宝能的大举进攻表示不欢迎，而未采取有力的反击措施呢？

或许万科这些年过得太顺畅，对市场上的风险缺乏警惕，以为发出警告就可以吓退宝能。然而，“宝能系”的成名史本身就证明了它的实力与魄力，怎么可能被几句话吓倒？再说，万科许多方面早已跟不上市场的步伐，这其中就隐藏着巨大风险。万科也没有料到宝能的速度会如此之快，胆量会那么大，为达到目的，可以不惜利用一切“野蛮”手段，最终让万科陷入深深的泥潭。

2015年12月17日，万科总裁郁亮赶赴华润商谈相关事项，而王石也于当月18日奔赴香港。此行据说就是为了启动“毒丸计划”，以狙击“宝能系”的入侵。但关键问题是，此计划不知道能不能获得通过，毕竟还要经过董事会与股东大会的投票。董事会的问题不大，可是股东大会就难说了，因为“宝能系”已经成为万科的第一大股东，占股比例超过华润与管理层的总和。

至于其他一些普通投资者，不仅过于分散，他们还在观望，不会立即选择站在哪一边。而真正能决定此次“毒丸计划”实行的，则是拥有5%股权的安邦。尽管在“宝能系”启动收购万科时，万科筹措了一大笔资金准备反击，但是就当时的情况来看，准备得并不充足。宝能在启动“野蛮”收购时应该是计划周密，至于安邦是不是其“一致行动人”还难以判断。因此，万科的反击变数极大。“毒丸计划”是否有“毒”尚且未知，更何况资本市场向来不相信眼泪和道德，在规则的引导下，一切都以实力为主，“万科股权之争”注定会成为一场资本大战。毕竟无论对于万科还是宝能，这次股权争夺战都是一次极大的历练和提升，同时也提醒其他企业该如何运作。

“毒丸计划”成功的概率有多大

在“宝能系”的强势进攻下，万科终于尝到了股权分散的恶果，而一份流传出来的内部讲话显示出万科对“宝能系”的态度已经到了极为反感的境地。因此，万科可能会采取“毒丸计划”进行反击。不过，根据一些经济学家的分析，实施“毒丸计划”并非易事，至少需要数百亿元的资金做后盾，所以万科或许会寻求更多的股东“同盟”。

万科的种种反应表明，它极有可能拿宝能的巨额收购资金做文章，在它看来，即便“宝能系”的收购资金合理合法，那也是以高杠杆撬动的短期资金。如此，万科或许会想尽一切办法拖延停牌时间，复牌后也必定会降低股价，直到切断宝能的资金链为止。

但是此计虽“毒”，实施起来却很难，监管部门也不会放任不管。当停牌时间超过一定期限，他们一定会站出来干涉。更为重要的是，宝能的资金链看似脆弱，其实远比想象中牢固得多，它在 2015 年 7 月底就完成了对万科的大规模建仓。根据相关资料推算，宝能的账面盈利已经非常高，这极大地保护了资金链。

如此看来，实力不菲、作风彪悍的“宝能系”是否胜券在握？那也未必。因为万科股权太过于分散，万科管理层及其同盟与宝能不相上下，在此种态势下，广大中小投资者的立场就成为决定这场战争胜负的关键。若是失去他们的支持，万科恐怕难以实行“毒丸计划”。

但就当时的情况看来，他们支持万科的可能性很大。当然，这倒不是因为他们对万科有多么深厚的感情，也不是被王石的个人情怀打动，而是利益关系使然。

中小投资者支持万科的最大动力就是，倘若万宝拒绝和解，继续角逐，那么股份争夺就不会停，股价也会只升不降。但是，要让处于劣势的万科坚持抗敌，充足的“弹药”必不可少。因此，释放“毒丸”、增发股份就很有必要，否则“弹尽粮绝”的万科难免一败涂地。到那个时候，万科管理层、原第一大股东华润以及其他大股东会结成盟友，被抛弃的就是广大的中小股东了。

说到底就是，万科等与“野蛮人”达成协议后，“战争”便会立即结束，各大股东不但不会继续增持股份，甚至还会高位减持套现。那时候，大股东们定会获益无数，受损失的就只有广大的中小投资者了。

而当“野蛮人”大举进攻时，“毒丸计划”似乎已经成为万科的救命稻草。但是万科能否让收购者吞下“毒丸”？这个问题恐怕一时很难下定结论。根据相关法律规定，万科若要实施“毒丸计划”，需要经过董事会和股东大会的共同审议。但第一大股东“宝能系”绝不可能“自打脸”。

即便万科可以通过转换公司债券、非公开增发等方式推出类似的“毒丸计划”，但也先要经过证监会的批准，而此流程至少耗时两个月，最后还不一定能通过，所以不太可行。

据说，2015 年 12 月 23 日王石在香港拜访瑞信时，曾明确表示万科不会实施“毒丸计划”。可以证实王石这句话的是，2016 年 3 月 13 日，万科 A 突然发布公告，决定引入深圳地铁集团作为新的大股东。深圳地铁集团或许是万科对抗“宝能系”的好帮手，但也让“毒丸计划”的实施变得更加扑朔迷离。

实施"毒丸计划"的挑战

由于"野蛮人"的强势攻击和昔日好友的无情背叛，承受着巨大压力的万科不得不重磅出击，以达到反击的目的。因此，被业界称为"毒丸计划"的"股权摊薄反收购措施"，便成为万科绝处逢生的秘密武器。不过，万科实施"毒丸计划"仍需解决两大难题，那就是增发价格与增发对象。

据业内人士分析，"虽然实施增发方案看起来很简单，可是还需要经过万科股东大会的审议。而宝能已是万科的第一大股东，因此，争取到中小股东的支持才是最主要的。一旦增发价格过低，中小股东的利益必定会受到伤害，那么他们肯定会投反对票；而如果增发价格过高，想要找到合适的定向增发认购对象就不是一件容易的事。所以，增发价格是实施'毒丸计划'的一大关键。"

此前，万科股价已从14元上涨至24.43元，假如万科真的启动定向增发，那么增发价格即便参照停牌前的均价来确定，每股价格也不会太低。尽管与二级市场相比会低很多，但站在投资方的角度来看，价格依然较高。

看来，万科事先应该做好两手准备——积极寻找增发对象、借停牌拖延时间，从而促使宝能承担高昂的资金成本。只要停牌达到六个月，宝能也许就会不战而败，如此，"宝能系"便落了下风。

面对万科管理层的激烈对抗，宝能的反应也相当激烈。不久，宝能便针对王石此前批判其"不配做万科大股东、信誉度低、不遵守市场规则"等讲话发表声明，宣称自己近期的行为绝对合理合法，并未违背市场规则，且依旧相信市场的力量。随后，宝能再度发声，就资本分配、企业信誉、品牌效应等问题质疑王石的讲话内容，还劝告万科管理层将更多的精力放在工作上，不要总是拿企业文化说事。

在语言战术的基础上，"宝能系"旗下的前海人寿还在2015年12月17日再次发行高达15亿元的补充债券，这为"宝能系"进一步储备了大量弹药。因此，依靠数百亿元资金才成功稳坐万科第一大股东之位的"宝能系"，绝对不会因为谁的强烈反对而放手。对于万科的反击行为，"宝能系"也许事先早已预知，这是停牌之后的万科所无法忽视的因素。

其实，在双方激烈争夺时，还有一股隐藏的力量是不容忽视的，那就是态度未明的安邦保险集团，它同样会给万科的"毒丸计划"造成众多变数。

2015年12月7日，一直沉默不语的安邦忽然出人预料地通过其旗下的子公司大量增持万科股份，增持量一度高达55252.63万股，占万科总股本的5%，坐上了万科第三大股东的位置。

从"宝能系"与安邦的种种行为中不难发现，这两个表面上看起来毫无任何联系的角色，似乎存在某种微妙的股权关系。这种推测并不是毫无根据的，比如宝能旗下的创赢投资企业持有钜盛华1.92%股份，是钜盛华的四大股东之一，而民生银行的子公司民生加银基金管理有限公司又持有创赢投资九成多的股份，安邦又是民生银行的第二大股东，持有其12.11%的股份。从这错综复杂的关系中不难发现，宝能与安邦之间不可能毫无干系。

尽管从上述的股权关系中并不能找出宝能与安邦是“一致行动人”的直接证据，相关各方也无法证明他们构成了“一致行动人”的关系。但是安邦在这种关键时刻入股万科究竟是为了什么？它到底是敌是友？相信万科管理层的心里应该已经有了大致的判断。

万科在给“宝能系”下战书时这样强调：“对于万科而言，广大的中小股东就是大股东，资本的胁迫永远不会吓倒我们。虽然对方来势汹汹，但是中小股东、客户、透明的社会秩序一定会始终站在我们这边。”万科这是不遗余力地争取中小股东的支持，最终，这些中小股东是否会支持万科，万科又能否依靠中小股东的力量打一场漂亮的翻身仗呢？

事实上，自从外界盛传万科将要实行“毒丸计划”开始，“毒丸计划”便具有极强的争议性。

众所周知，“毒丸计划”旨在降低收购者对企业股份的觊觎度，具体的表现形式主要有两种，即弹入式与弹出式。弹入式是指不受欢迎的恶意收购者收购了公司大量股份时，被收购方便有权启动“毒丸计划”，允许现有的股东折价购买本公司股份，以稀释恶意收购方的股权，给对方施加压力；弹出式是指在恶意收购发生的过程中，允许股东折价购买收购方的股份，以提高收购价格。而且弹出式一般包含在弹入式中。

在实施“毒丸计划”的过程中，反对声最大的股东主要是机构投资者。在他们看来，此计划的实施会吓跑潜在的收购者，从而扼制公司股价的提升。尽管管理层希望通过“毒丸计划”保护企业，但股东最大的希望是获得最高价值，对他们来说，收购方的行为并不是最重要的，股价上涨才是重点。

此种争议的实质是上市公司的内部治理存在严重的问题，股东在公司管理上一直想拥有更多的发言权，但一直被排除在外。他们排斥“毒丸计划”的主要原因在于，当收购方出价时，管理层的决策权将趋于最大化。另一个反对“毒丸计划”的理由是保护管理层的工作。很多时候，正是管理层的行为导致了公司股价下跌，并引来恶意收购者的目光，而“毒丸计划”的实施不利于管理层管理水平的提高。因此这些年来，有许多公司纷纷退出“毒丸计划”。一项调查资料显示，世界上具有“毒丸计划”的企业已不足250家。

值得庆幸的是，2015年12月23日，王石突然对外明确表示放弃“毒丸计划”，并愿意关注宝能的诉求，这避免了一场更为强烈的纷争。

实施“毒丸计划”对散户的影响

2015年12月18日，万科发布公告对外宣称停牌A股与H股，目的是筹划股份发行，用于重大资产重组及收购资产。至此，以王石为代表的万科管理层与以姚振华为主的“宝能系”开始了正面交锋。

据业内人士分析，此次事件对A股没什么好处，以往，投资者对A股上市公司股东只为圈钱而不断减持的行为就颇有异议，但对此又无能为力。

一直以来，任何一个行业都不是那么容易融入进去的，即便资金雄厚，如果缺乏时机、政策、关系、运气等支持，那也只能望洋兴叹。甚至许多时候，一切都已经准备好了，但还是会失去入行的最佳时机。而这时，资本市场便带来了新的希望，至少可以让广大的投资者感受到A股的正能量。所以说，作为此次事件表面上的“局外人”，万科广大散户最为关心的问题应该是他们到底站在哪一边为好，谁才是他们真正的“财神爷”。

值得关注的是，一旦万科实施的“毒丸计划”取得成功，那么“宝能系”只能退出这场竞争。但它持有的股票该如何处理？毕竟那些股票都是用借来的资金购买的。可是散户却要被牵连了，因为除了宝能撤退所带来的股价下降，由“毒丸计划”定增和新增带来的股份，在不久的将来也必然会形成新股“潜在减持盘”。

抛开“毒丸计划”不谈，“宝能系”即便能成功进入并控股万科，也未必会通过对万科的重组或者改革来保护股价。同时，“宝能系”也不一定会拒绝将手上所拥有的万科股票抛售出去，市场受到减持冲击的可能性也未必会小，股价也不一定稳定。因为从“宝能系”的种种行为上可以看出，它入股万科的目的并不单纯，至少不是为了保护广大散户的利益。

万科能否成功实行“毒丸计划”其实是所有散户的事情，假如万科通过“毒丸计划”成功击退了“宝能系”，实际上广大散户未必能够得到什么好处。而尽管“宝能系”利用高杠杆资金抢夺万科股权的行为令人诟病，一旦杠杆资金出现意外，问题可能会更加严重，但是至少对于广大散户来说影响不会太大，因为他们可以随时换股。

即便如此，万科祭出“毒丸计划”，大量低价增发新股，对广大散户其实是极不公平的，至少每股的收益会被摊薄。因此，从广大散户的角度来看，“毒丸计划”不可行。不过散户们可以放心的是，万科最后不会实行“毒丸计划”。此计划在中国法律上毫无依据，更何况停牌战术的危险性极大。

再说，宝能的收购资金来源复杂，能够用多久仍未可知，但停牌却可以持续很长一段时间。因此，万科应对的最佳战术是在宝能计算自己借贷的资金利息时立刻停牌。此时，“宝能系”便陷入黑暗，一边需要支付高额的利息，一边又无法买入，这样拖下去，万科不会有多大的损失，但宝能却是度日如年。

万科为何放弃实施“毒丸计划”

自万科股权之争爆发以来，“宝能系”一直占据绝对优势。眼看着自己的整个江山即将被宝能一举攻下，以王石为代表的万科管理层如坐针毡，费尽心思地想办法化险为夷。不过，昔日的第一大股东华润不但不理不睬，甚至还转而与“敌人”为伍。在腹背受敌又走投无路之时，王石他们想到了一个“好办法”，那就是实施“毒丸计划”。

2015 年 12 月 18 日，万科宣布紧急停牌。这被市场解读为万科实施“毒丸计划”的前兆。正当大家猜测万科管理层将如何把“毒丸计划”付诸行动时，王石却在拜访瑞士信贷时表示万科不会实施“毒丸计划”。他说：“我是很尊重潮汕帮的，特区帮、深圳帮大家都是为深圳做建设的。宝能、华润、万科都是深圳帮，都是一家人，不应该内斗。”

针对王石的这一番言论，万科管理层内部人员表示：“自始至终，我们都希望与‘宝能系’展开友好对话，共同商议接下来怎么做。但是因为各种原因，这一计划一直都未实行。我们仍然愿意保留对话的可能。我们仍然希望宝能系慎重考虑，不要贸然改变万科企业文化和经营风格的风险，即使只从他们自身的利益出发。”对于此前传出的万科管理层明确表示不欢迎“宝能系”的言论，万科官方回应：“我们欢迎所有投资者购买万科的股票。但为什么又说不欢迎‘宝能系’？

不是不欢迎它买万科股票，而是不欢迎它收购公司、控制公司。不欢迎，不是因为不喜欢它，或者看不上它，而是它的文化、经营风格与万科不相容。我们不是说万科的文化、经营风格比它优越，而是因为，万科文化、经营风格是万科品牌、信用的基础，如果万科的文化被改变，那么万科将不再是万科，万科可能失去它最宝贵的东西。"

对于万科的声明，很多人认为理由明确，即"宝能系"与万科的文化格格不入，但还是害怕"宝能系"吞噬万科的劳动成果。不过，以企业文化不同为理由排斥外界的并购，看起来说得通，但其实说服力不强。至少在宝能看来，这是万科对自己的指责。当然，万科此后还是可以召开临时股东大会，抵触"宝能系"的控股，最起码以这种手段对付宝能最有利——以股东大会的名义拒绝外界的加入，总比管理层自己发声更有权威。

那么，万科对"宝能系"的态度为何会变化如此之大？为何从前斥责"宝能系"为"野蛮人"且信用低下，如今却只是把万科不欢迎"宝能系"的原因说成是双方文化不相符？

据业内人士分析认为，王石之所以突然改变此前的强硬姿态，向"宝能系"释放出友好的信号，关键是为了在相关机构和投资者中树立一个善意的形象，以获得更多的支持，而且他的态度非常诚恳。他是个聪明人，知道怎样做才是对自己、对万科好，与其与宝能一直恶斗不休，倒不如和谈，这对于万科股权保卫战非常有利。

因此，与其实施"毒丸计划"这种吃力不讨好的策略，还不如做个笑脸人。更何况万科启动"毒丸计划"会面临两大难题：首先，该方案未必能够获得董事会和股东大会的审议通过，其他中小股东也会强烈反对；其次，万科不一定能找到既合适又具备雄厚资金的参与定向增发认购者。瑞士信贷人士针对王石的拜访评价道："他希望获得我们的资金支持，拜票的性质很明显。至于要不要帮他，我们还在考虑。”据说万科管理层还多次拜访了其他投资金融机构，看来他们在积极寻找“盟友”。

不过，万科管理层也没有忽视内部团结。自“万宝之争”以来，外界对于王石和万科总裁郁亮的关系关注度极高。王石表态不欢迎“宝能系”加入万科后，郁亮第二天便公开响应王石，不仅解释了不欢迎“宝能系”的原因，更是代表万科管理层发表了统一意见。几天后，王石与谭华杰等人在深圳为郁亮庆贺 50 岁生日。随后，王石的个人微博和微信朋友圈还出现了当晚众人合影与签名的照片。在一张合影照片背面，王石亲笔题写了祝福郁亮的话，并表示要与其“风雨同舟”。

值得一提的是，早在 1999 年，王石就已经开始全力培养郁亮做自己的接班人。2001 年，虽然遭到多人的强烈反对，但王石依然坚持己见，任命郁亮为万科集团总经理。

王石对郁亮向来是用人不疑疑人不用。据万科内部员工证实：“王石对郁亮的信任，已经超出了一般意义上的上下属关系。王石脾气不是很好，在公司里训斥过许多人，但从未斥责过郁亮，他对郁亮的重视程度，明眼人都能看得出来。”

郁亮是 1990 年加入万科的，他从一名普通员工做起，几乎在所有的部门都待过，而且短短三年后就坐上了万科财务顾问公司总经理的位置，1994 年又升任万科公司董事，并协助王石击退了万科第一次股权危机——“君万之争”。

郁亮在投资决策、企业管理方面颇有才华，两年后又晋升为万科副总经理。1999 年，郁亮开始担任万科常务副总经理兼财务负责人，2001 年 2 月成为万科总经理。

自此，王石开始淡出万科管理层，郁亮逐渐接手万科的日常工作。外界对他的评价也一直非常高，更是戏称其为“王”的男人。

vanke

PART 06

收购巨资

宝能“低调增持，突击上位”的秘密

“万宝之争”的发展态势早已超出了各方预料，作为当事人的“宝能系”在外界备感惊讶之时，又连续做出一系列震撼人心的行为。从2015年开始到如今，“宝能系”已经拿出数百亿资金增持万科A股，早已达到第五次举牌的标准。人们不禁猜测：向来强悍的姚振华是否会第六次、第七次增持万科？他的巨额资金来自何方？他“低调增持，突击上位”的秘诀又是什么？

针对“宝能系”的持续增持行为，万科也没有坐以待毙，而是采取相应的措施积极应对，甚至直接向司法部门诉讼宝能的增持行为损害了股东权益，当属无效的民事行为。而宝能则针对此事做出有力的反驳，称相关法院无权管辖。自此，双方的争斗掀起一个新高潮。只不过需要注意的是，“宝能系”增持万科的资金即便合理又合法，但无论结局如何，它都要承担巨大的资金利息的压力。

PART 06

收购巨资

宝能“低调增持，突击上位”的秘密

“宝能系”百亿收购资金从哪儿来

2015年伊始，被炒得沸沸扬扬的万科股权之争不但引起了各方的高度关注，甚至连姚振华的发家致富路也被挖掘了出来。那么，姚振华的第一桶金到底从何而来？“宝能系”增持万科的百亿资金又源于何处？

对此，有人说是靠卖菜赚来的，也有人说是姚振华运气好，傍上了一个“好金主”。但据有关资料查实，向来神秘而又低调的姚振华确实是靠贩卖蔬菜起家，当年，他在深圳成立了深圳市新保康蔬菜实业有限公司，专门售卖蔬菜，还开了两家蔬菜净菜超市，一家在园岭小区，一家位于彩田路社保局后边的福源大厦一楼，面积大概有一百多平方米。

尽管贩卖蔬菜没有让姚振华成为百万富翁，但也给他带来了致富的商机。当时，姚振华总是打着卖菜的招牌，参加深圳市政府举办的“菜篮子工程”活动，并通过老乡的帮助，以市民“菜篮子工程用地”的名义拿到两块价值不菲的土地。然而，净菜超市经营不久后便关门大吉了。之后，姚振华将公司名称变更为“深圳市新宝康实业有限公司”，专攻房地产业务。

就在姚振华四处奔波寻找资金建楼时，天上真的掉下来一块大馅饼——当时深圳市某银行想要建造住宅楼，但一时又找不到合适的地方，于是就有人介绍了姚振华。经过商议，双方签订了合作建楼的合同。当时双方约定：在福田区福强路中港城地块建造两栋住宅楼，一共 90 套，每套 144 平方米，其中银行拿出 7500 万。

据说，姚振华的新宝康公司当年只缴纳 170 多万元低价款，便获取了 3 万多平方米的“菜篮子工程”用地。在获得某银行的第一笔资金支持后，姚振华硬是转变了“菜篮子工程”的用地性质，将其变为住宅用地。而两栋住宅楼超出地坪以后，姚振华又将其抵押贷款，从而获得了驱动整个地块开发的资金，后来又在那里建了三栋高层商业楼。

所以说，姚振华简直就是神通广大，他只用了 170 多万元，就圆满完成了一个价值上亿元的项目，不愧为“空手道”的高手。据业内人士透露，姚振华在中港城项目中获益 10 亿元，这其实才是他人生中的第一桶金。

那么，这次“宝能系”增持万科的百亿资金又是如何得来的？经过分析发现，姚振华商业帝国的关键部分是深业物流集团的分家。

深业物流集团是 1983 年在深圳市笋岗仓库企业有限公司的基础上建立起来的，在 2002 年之前，深业物流集团的股东包括深圳控股有限公司、深圳国际信托投资公司、深圳市众力一投资有限公司、香港新笋投资有限公司等，是一家名副其实的国有企业。

2003 年 1 月，香港新笋投资将所持有的深业物流集团 25% 的股权转让给了宝能投资。至 2004 年 1 月，宝能集团共持有深业物流集团 46. 52% 的股份。2006 年，深业物流集团突然濒临分离，最终由深圳控股与宝能进行了内部资产投标，而宝能以 1 亿多元获胜。

一位资深地产人士表示：“那次，宝能可谓获益匪浅，不但得到了深业物流集团的使用权和若干资产，在分配资产的过程中，还获得了众多土地和房产，这是一大笔隐形资产。”但这也不能完全解释清楚外界对其资金来源的猜疑。

2015年12月19日，王石突然转发了一篇名为《万科被“野蛮人”入侵背后的真相：一场大规模洗钱的犯罪》的微博，虽然他很快删除了，但网友还是发现了端倪，其中写道：“广东的地下钱庄与浙江的地下钱庄一样发达，尤其是深圳的潮汕人对于地下钱庄的掌控，已经到了震撼人心的地步。因此，想要拿出几百亿‘黑钱’变相买入万科，根本毫无困难。”

接下来，多家媒体先后报道了浙商银行理财池为“宝能系”举牌万科提供了资金支持，这似乎更加证实了“宝能系”资金的来源。但是，“宝能系”的理财资金又来自哪里？

据报道，“宝能系”旗下的钜盛华拿出了67亿与华福证券融资成立了深圳市浙商宝能基金。该基金的资金来自浙商银行理财资金，而背后的金主其实就是浙商银行。尽管这种说法被浙商银行相关负责人否认，但他们也没拿出有效证据证明自身的“清白”。

那么，浙商银行又是怎样向“宝能系”输出资金的？原来，浙江浙银资本管理有限公司在其中起到了重要作用。从外表上看，浙商银行与浙银资本毫无关联，但是据内部人士证实，浙银资本就是浙商银行的子公司，原本是为了以后拓展“投贷联动”业务而成立的。此外，相关资料显示，浙银还与“宝能系”共同出资成立了浙商宝能资本有限公司，作为浙商宝能基金的普通合伙人，公司董事长为浙商银行的副行长张长弓，法人代表及副董事长为宝能副总裁黄炜。这样一来，“宝能系”的资金源就清楚了。

当然，姚振华肯定不会将眼光只放在某一处，“宝能系”除了与浙商银行保持密切的关系外，还与深圳市宝能创赢投资企业这个有限合伙基金关系紧密，其背后的大老板据说也是某家银行。

宝能何时再度增持万科

2016年7月4日，万科A股复牌，但开盘即跌停，市值蒸发了将近200多亿元。然而令人惊讶的是，跌停的万科并没有给当天的大盘走势带来多大影响。有报道称，“宝能系”在股价走低后可能会继续增持万科股份。

事实上，从战略发展的角度来说，“宝能系”继续增持的确对自己有利。但是从资金层面上看，姚振华手里据说还有300多亿元资金，所以“宝能系”增持的概率极大。不过“宝能系”增持的时机很重要，最佳时机应该是万科散户“成灰”时。

为什么说万科散户“成灰”？理由是在万科这场股权争夺大戏中，最大的受害者其实就是广大的散户，只是没人理会他们罢了。那么为何说“宝能系”增持万科要等到万科散户“成灰”时呢？

首先，虽然万科股权下跌对“宝能系”的冲击很大，但当初“宝能系”大举入侵万科时的股价并没有停牌前那么高。因此在某种程度上，万科股价下跌最大的受害者应该是散户。

万科的仓促停牌，让诸多高位买入的散户有些猝不及防。据估算，若是按照停牌前的价格，“宝能系”可以承受三个跌停。但在跌到风险线之前，“宝能系”是不会大量增持的，毕竟跌得越低，增持成本就越低。如此，“宝能系”在及时增持拯救散户和等待时机之间，肯定会毫不犹豫地选择等待时机。

其次，尽管有传言说姚振华手上还有数百亿资金，但并没有得到证实。而从各种报道中不难发现，“宝能系”已经承受着巨大的资金压力。

2016年6月，有消息说，“宝能系”旗下的深业物流发行了一笔期限不超过三年、市值50亿元的公司债券，用于偿还银行贷款、补充流动资金。此举恰恰证明“宝能系”正在筹集资金。既然如此，“宝能系”应该不会轻易继续增持，除非有人抢先增持。

最后，不管怎样，至少在万科复牌当天，大盘表现得还不错。因此，万科的压力会小很多。在大盘向好的形势下，万科跌到何种程度谁都不知道。假如离“宝能系”的风险线还有一段距离，“宝能系”又怎么可能继续增持?

但是在2016年7月5日晚，万科突然对外发布公告，宣称“宝能系”的钜盛华于当日购入万科A股7529. 3万股，占公司总股本的0. 682%。通过本次增持，“宝能系”及其同盟合计共持有万科24. 972%的股份。

自从万科A复牌，宝能在二级市场的动向一直备受外界关注。按照规定，“宝能系”只有在提前15个工作日披露减持方案，并将一个季度内在证券交易所集中竞价交易减持股份的总数额控制在公司总股数的1%以内，才能在交易所减持股份。所以说，“宝能系”应该不会在短期内抛售万科股票。

此次，“宝能系”仅用了两个交易日便增持万科0. 71%的股份，它为何要这么做？据业内人士分析称，根据相关法律法规，投资者对单一上市公司的持股数额每变动5%，就需要按照严格的规定操作，并且在一定期限内禁止买卖。因此，“宝能系”之所以选在那个时间点举牌万科，应该就是为了打规则的“擦边球”，确保自己在2016年7月11日能够继续增持万科。

事实上，在人们普遍看跌万科A的预期下，复牌肯定没有那么顺利，因此，宝能过早购买的可能性不大；但如果后期再购买，则需要等待很长一段时间，至少要到7月13日才能增持。所以说，“宝能系”的增持时间并不是随便选择的，而是经过深思熟虑才确定下来的。

一个“无效”的百亿增持计划

自从2017年1月12日万科发表声明宣称华润将持有的万科股权转让给深圳地铁之后，众人一致认为万科股权之争不会再出现太大的变数了，但万万没有想到，一场由媒体带动的乌龙事件，将此事再度掀起了一个大浪潮。

此次乌龙事件还要从2016年7月5日说起，当时万科工会忽然向深圳市罗湖区人民法院起诉“宝能系”损害了股东的权益，请求判定其增持万科的行为属于无效的民事行为。万科工会的起诉状明确显示，万科是要起诉“宝能系”在增持万科A股的过程中，存在信息披露的问题，要求法院判令其增持万科的行为无效，并在未更改违法行为之前，不得对其所持有的万科A股股票行使任何权利。

2017年2月6日晚，有媒体报道称，深圳市中院已经做出最终裁定，判决“宝能系”增持万科的行为无效。后来，“宝能系”向深圳中院上诉表示不服裁定，上诉理由是：

（1）万科工会的诉讼请求所涉及的标的金额已经高达数百亿元，超过了深圳市罗湖区人民法院的管辖范围；

（2）万科工会要求“宝能系”在股票限售期满后，通过深交所的交易系统“更改无效民事行为”，该项诉讼请求太过无理，根本就是强制“宝能系”通过深交所这个平台减持手中的股票；

（3）本案涉及上市公司投资者股东权利的行使等新类型法律问题，从案件的广度和深度上看，也应该由广东省高级人民法院管辖，因此恳请依法裁定撤销深圳市罗湖区人民法院的民事裁定书，并将本案移至广东省高级人民法院管辖。

针对“宝能系”提出的管辖权异议问题，深圳市中院认为，万科工会的起诉请求并未提出给付金钱的诉讼请求，同时从“宝能系”的地理位置上看，由广东省高级人民法院管辖的上诉主张并不合法，所以不予支持，并驳回此上诉请求，维持原判。

事实上，管辖权是指案件应该由哪个级别的法院审理，所指向的是案件的程序，而不是实体；而判决指的是案件一方当事人的诉讼请求是否得到了法院的支持。深圳市中院的裁定只不过是程序上管辖权的裁决，并非实体的裁定，况且这与万科股权之争有关，又怎么可能以裁定书的形式作罢？据此，有律师分析道：“这份法律文书并非案件的最终判决，只不过是审判管辖权程序上的裁定罢了，媒体的报道并不可信。”

其实，此次事件的确有疑点，向来低调而又精明的姚振华怎么可能做吃力不讨好的事情？从他多年的经营手段上不难发现，即便入侵万科的行为最终以失败收场，至少在有些问题上，他早已提前考虑清楚了，像被法院判定“增持万科行为属于无效”这种结果，应该不至于落到他头上。因此，媒体的报道只不过是一面之词罢了。

不过最值得关注的是，随着监管层的加入，“宝能系”的态度发生了巨大转变。2017 年 1 月 13 日晚，“宝能系”公开表示欢迎深铁集团加入万科，愿与其共同提升万科，而“宝能系”也非常看好万科，作为财务投资人，将会极力支持万科的稳步发展。这是否说明，随着事态的更迭，“宝能系”已经觉得没有再争夺下去的必要了？

继续增持万科的目的何在

随着万科的复牌，“万宝之争”的焦点又从高管隔空大论战转至A股市场，尤其是在2016年7月5日至6日，“宝能系”共持有27亿股万科A股，占公司总股比的25%。

对于此次行为，有人将其看作是“宝能系”的自救，毕竟按照“宝能系”所持有的万科股票的比例来看，它绝对不会允许万科股价再度下跌。在此之前，“宝能系”共持有万科24.29%的股份，但经过第五次举牌，股份数额增加至25%，这0.71%的差距还是很明显的，至少“宝能系”确实投入了巨额资金。

从2016年7月开始，“宝能系”便继续增持万科A股，持股成本甚至超过15元。只要万科股价下跌过度，市场必然会产生连锁反应，致使“宝能系”杠杆资金爆仓。如此，“宝能系”举牌万科有弊无利，因此，“宝能系”继续增持万科无疑是为了自己的利益着想。

再者，“宝能系”手上到底还有多少资金，一直是外界最为关心的问题之一，甚至有传言说，“宝能系”早已负债累累，所以此次“宝能系”的增持行为无疑是在向外界释放两个信号：一是它有坚定的决心拿下万科，二是告诉投资者们它“不差钱”。

还有人认为，“宝能系”此次出手或许是为触发要约收购做准备。

其实，此种可能性不大。为了增持万科，“宝能系”已经投入了400多亿元资金。而根据相关法律规定，“宝能系”旗下的公司不是投资股票的资金比例已达上限，就是资金成本太高，隐藏着巨大的风险，一旦“宝能系”继续增持万科，触发要约收购，那么它将会在资金方面承受更加巨大的压力。很明显，“宝能系”绝不会自掘坟墓。

而“宝能系”继续增持万科的最终目的，或许可以在万科所发布的《详式权益变动报告书》中找到一些蛛丝马迹。在报告书中，“宝能系”说自己是为了“做万科长期的战略财务投资者”，声称其利益与“万科全体股东的利益诉求高度一致”。只不过，“宝能系”从始至终都坚持改组万科董事会。所以，“宝能系”再次增持万科既是为了稳定股价，又是为了展示自己的资金实力与信心，更是为了向万科管理层发起挑战。

“宝能系”的再次增持，使得“万科股权之争”变得愈发错综复杂。事实上，“宝能系”的增持量越大，它享有的话语权就越高，与此相对应的是，万科会越发贬值，股价也会再次下跌，“万宝之争”便会更加激烈。

“宝能系”继续增持万科的另一个目的，是罢免万科现有的董事会和监事会全体成员。而如果“宝能系”的目的达成，那么万科管理团队必将全体出局。失去了这些人，万科将不再是原来的万科，也难以重振往日的雄风。所以，宝能继续增持的行为对于万科而言并无益处，反而会降低它的价值。

“禁止令”——起诉过程中的尚方宝剑

根据事态的发展趋势可以看出，“万科股权之争”的天平逐渐向万科倾斜。

前文中我们提及“万科工会向罗湖区法院起诉宝能在增持万科股权的过程中侵犯了股东权益”一事，业内人士分析，万科工会起诉宝能并非只为维权，还是想利用法律手段拿到法院的“禁止令”，限制宝能对万科A的权利，进而钳制“宝能系”。从某种程度上说，一旦案件重归罗湖区法院审理，那么万科拿到“禁止令”的可能性就很大。只要“禁止令”一到手，无论结果怎样，万科都会占据有利条件，至少能暂时冻结宝能的投票权。

律师还明确指出，双方存在管辖权异议的一个重要因素便是有关“禁止令”的问题，而“禁止令”对于万科有着生死攸关的作用。只不过，基层法院发布“禁止令”的门槛不会太高，而中级或者高级法院发布“禁止令”会考虑得更多，操作起来也比较复杂。因此，罗湖区法院针对此案发布“禁止令”的可能性非常大。

而按照深圳中院驳回宝能请求的情况来看，或许有关方面已经沟通过了。至于罗湖区法院将会怎样审理此案，谁都不好说，但不排除万科管理层会通过各种方式“隔离”宝能。

值得注意的是，万科工会起诉宝能有一个重要理由很耐人寻味，那就是宝能在增持万科A股时存在信息披露问题，因此其增持行为当属无效。而万科工会在起诉之前却没有对外公告，这是否也违规了呢？

万科管理层表示，此事只是民事裁决，不是最终裁定，无实质性，并未达到对外公告的程度。但相关专家却并不认同此种说法，他们认为此行为已经违规，万科有及时公告的义务。毕竟这起案件的被告方是万科的第一大股东，涉及万科的诸多问题，绝对有第一时间进行披露的必要。虽然看起来这只是一个民事裁定而非最终裁决，但实际上影响巨大，涉及金额也很高，所以投资者有权事先知晓。

其实，这是万科的一个策略，但这个策略确实很有深度，因为无论官司呈现出怎样的局面，最终获利的都只会是万科管理层，至少他们利用时间差达到了目的。

在杠杆逐渐倾向于万科管理层时，“宝能系”的处境越发危险，但是此刻退出似乎不太现实。毕竟“宝能系”收购万科的资产管理计划的资金结构几乎都是3∶1∶8，即1∶3的杠杆，在如此高的杠杆之下，“宝能系”的付息压力大得惊人。而且，尽管“宝能系”对外宣称，其还款资金来源于子公司的销售利润，但是这些资金根本不足以弥补每年高达数十亿元的利息缺口。因此，“宝能系”的最佳做法是继续增强融资能力，以缓解资金压力。只是从2016年开始，“宝能系”的融资之路阻碍重重。比如相关监管部门的专项调查就直接影响了宝能与外界的合作，还有几家企业与宝能的合作业务，只要一上报，就被风控部门打回原形。

PART 07

再欲入股

伸向万科的"潘多拉之手"

继宝能、安邦之后，新一轮的资本大战又将拉开序幕，这次加入战争的“野蛮人”是华润。万科千算万算没有想到，正当它在前线奋力抗争之时，自己的后院着火了。这位与万科一直“相敬如宾”的老东家在最关键的时刻反水了。

万科与华润之间的反目成仇，令人有些遗憾。外界或许都不明白，昔日的至交好友为何走到如此地步。这种落差也使得万科管理层感到有些疑惑不解，但在唏嘘之余，万科方面也明白，商场如战场，在利益的驱使下，企业之间不可能做永远的敌人，更不可能一直做好朋友。所以，华润的冷酷抛弃也不是什么大不了的事情。而如今，华润想要卷土重来，重回万科第一大股东之列，恐怕就没那么简单了。

由于宝能和华润的联合侵袭，王石的地位可谓是岌岌可危，因此，万科寻找“新盟友”的时机已到。不过，华润的“背叛”使得万科对“新盟友”的选择标准变得更加严谨。

万科终将打开“潘多拉魔盒”

2016年6月26日，“宝能系”突然向万科董事会提请召开临时股东大会，提议罢免万科现任董事会及监事会全体成员。不过，这只是万科A自己发出来的公告，而非“宝能系”发表的声明。当然，“宝能系”也不是闹着玩的，而是严肃行使自己作为大股东所享有的法定权利。

“宝能系”提出的罢免人数并不是一两名，而是万科的所有董事。这便意味着，包括王石和郁亮在内的万科管理层、华润的3名董事与3名独立董事以及来自中国平安的非执行董事孙建一都成了被罢免的对象。

根据万科公告，“宝能系”签订罢免议案的时间为2016年6月24日，这说明万科董事会应该早就知道了相关提案——王石在6月26日连发两条微信朋友圈，其中一条则暗指宝能具有“逼宫”之嫌：“人生原本就无常，有得必有失，一切还未结束，所以不要太着急。谁能想到明天又会是什么样子的呢？”尽管这句话说得有些自信，但字里行间还是透露出了一丝无奈。

“宝能系”到底想要什么？在华润否认提名吴向东担任万科董事长的传言后，“宝能系”又会采取何种行动？而以王石为核心的万科管理层又会如何应对？万科的命运又将如何？这些问题都将万科股权大战推向了一个新高潮。

万科停牌后，“宝能系”便有所收敛，直到万科董事会通过并发布收购深铁资产预案，它才再次出手。而这次的“发难”，可谓是招招直击要害。比如，提请罢免王石等人的议案就指出，王石在担任万科董事长期间，长期游学海外，未在公司坐镇，却拿着每年5000余万元的高薪，这是不合理的。这一指责的确可以获得中小投资者的支持。

在所有罢免董事与监事的议案中，除针对王石外，其他文案内容都大同小异。因此，“宝能系”的真正用意或许并不是驱逐万科的所有董事，而是灭掉王石。那么，“宝能系”又为何做出一网打尽的举动呢？其实是为了显示它并不是在针对某个人，并掩饰自己的真正动机。再者，若不把华润的董事包括在内，岂不是表明自己已和华润结成了联盟？

但是大家都明白，“宝能系”根本不可能把华润的代表也驱赶出去，这不符合它的切身利益。只有与华润联手，“宝能系”才能拥有驱逐万科管理层的能力，而华润作为央企，还真有可能会为“宝能系”进入万科提供某些支持。“宝能系”的目的是重组并进入万科董事会，如此，在新一届董事会上，它就可以与华润联手否决重组方案，从而在万科内部拥有更多的话语权。

当然，也许宝能已经与华润联合了起来，决定先赶走万科管理层，再联手管理万科；又或者将手中的万科股票以合理的价格转让给华润，自己“拿钱走人”。但以宝能与华润的特性，即便暂时融合，时间一久，也必将产生各种矛盾。作为央企的华润，必然不会将万科拱手让人，而费尽周折收购万科的“宝能系”也不会轻易放手。因此，双方的“价格战”在所难免。

许多人都不解，华润与“宝能系”一起反对万科重组预案，不惜与万科管理层公开撕破脸，但为什么华润在之前不动声色，此时才又突然发作呢？据业内人士透露，那是因为华润想要收回万科第一大股东的位置，已与深圳市政府达成了协议。

不过这种说法的可信度不高，若是华润已经和深圳市谈拢，那么深铁这个深圳市国有独资企业又怎么会绕开深圳市政府而插入一脚？或许华润根本就未与相关部门达成协议。

然而，华润夺回万科第一大股东之位也不是不可能。“宝能系”和华润分别持有24.26%与15.29%的万科股票，而华润此前或与宝能已达成某种意向，若是“宝能系”将股份转让给华润，只需调整5%的持股比例，双方就都可以获利，但万科引入深铁对华润和“宝能系”都没有好处。

那么，华润又为何要反对万科求援增持？关键在于，作为央企，华润行事必须更加谨慎，不能像民营企业那样随性而为，而且国企不能让国有资产减值，所以华润无法通过股东权益被摊薄的方案。

其实，华润从来就不是万科的“救世主”。它不是不想控制万科，只是王石等人不同意。从表面上看，双方一直相敬如宾，实际却是貌合神离。只不过万科给华润带来了巨大利益，而王石等人又需要华润这座央企做靠山，双方互利互惠，所以不能随意翻脸。要不是“宝能系”的这次突袭，或许万科和华润还能“和平相处”很久。

真正帮助过万科的华润高管当属宁高宁。2000年，华润大BOSS宁高宁从深特发手中夺得万科第一大股东之位，此后，华润两度欲绝对控股万科，但均未实现。加上宁高宁与王石私交不错，就索性放手让万科“自治”。宁高宁还是希望日后能够控股万科。不过在 2004 年，宁高宁忽然离开华润，就再也无法支持万科了。

如今，王石面临着职业生涯中最凶险的时刻，虽然这个结果并不完全是他造成的，但与他有着千丝万缕的关系。如果不是他轻敌又出言不慎，又怎会落得被踢出局的危险局面？

这也暴露出万科的股权结构严重不合理，而王石要么完全放弃万科，要么摆脱“创始人”心态，做回职业经理人。但从目前的状况来看，王石绝不会放弃万科。事实上，万科管理层早就发现了股权分散的弊端，在 2014 年万科股价低迷时，万科高管就表示要警惕“门口的野蛮人”，之后便开始推行事业合伙人制度。

当时的计划是，万科管理层持股 10%，华润持股 15%，刘元生持股 1.21%。这些加起来共有 26. 21%，抵抗“野蛮人”入侵绰绰有余。可是意外总会发生，“反野蛮人联盟”不但半路夭折了，而且华润这个第一大股东还和“野蛮人”联手了！

有人说王石离开万科几乎已成定局。而宝能和华润入主万科也有三个渠道：罢免万科全体管理层，重组万科董事会；改组万科董事会，但高管职位不变；逼走王石，挽留其他高管。其中，后两种方式区别不大，同时也是保证万科平稳过渡的最佳方法。

不过即便如此，万科有可能会产生乱局：

首先，复牌后，万科股价会大跌。停牌前，万科的股价为每股 24. 43 元，比 2015 年 11 月 27 日股价飙涨前高出 10 元。如果万科与深铁重组方案破灭，那就必须复牌，而复牌后一旦无利好，万科的股票就有可能跌停。

其次，大股东乱作一团。华润与宝能的联手只是短暂的，最终肯定走不到一起。再加上持股6.18%的安邦意向不明，一旦王石离开万科，大股东必将乱作一团。

最后，管理团队四分五裂。即便“宝能系”和华润成功挽留了万科其他管理层成员，万科管理团队也会因王石的离去而四分五裂。王石曾经说过，如果真的扛不住了，他会“率团队集体出走，再建一个新万科”。这说明王石若是离开的话，其他成员未必会继续留在万科。

其实，万科在成立之初就注定要经此一劫。万科本是国企，其后在改制的过程中，一直未能解决企业所有者缺位的问题。万科的最大亮点在于它拥有一个富有理想主义情怀的管理团队，这个团队将万科看作自己的东西，他们自认为能够掌握自己的命运。可是当“野蛮人”打破这种幻境时，万科的“潘多拉魔盒”也随之被打开。

华润在万科收益颇丰

2017年1月12日，万科发布公告称，大股东华润决定将手中所持有的万科股权以每股22元、总价371.71亿元的价格，悉数转让给深铁。至此，“宝能系”、深铁、恒大、安邦、万科管理层、万科企业股中心以及万科工会分别持股25.4%、15.31%、14.07%、6.18%、4.14%、3.66%和0.61%。

除了“宝能系”与恒大，其余股东均与万科管理层关系良好，其中，恒大已明确无意争夺万科控股权，亦欲将股权全部转让给深铁。期间，深铁、安邦、万科管理层、万科企业股中心以及万科工会的合计持股比例高达29.9%，若是再加上“万科扫地僧”刘元生的股份，万科管理层将占据绝对优势。

自2015年12月起，万科股权之争一直被人们津津乐道，用“万宝之争”来概括此次事件已然不够全面，尤其是华润与万科管理层之间的“爱恨情仇”，更是将这次股权大战带入了一个变化莫测的境地，还有深铁所代表的深圳国资委，在17年前就与万科关系匪浅。

17年前，华润还不是万科的第一大股东，深圳国资委下属企业深圳经济特区发展公司才是。从这个角度来看，深圳国资委曾经是万科的第一大股东。

PART 07

再欲入股

伸向万科的“潘多拉之手”

事情要追溯到2000年8月10日，万科发布公告称，深圳经济特区发展公司决定将所持有的万科5115.56万国有法人股以2.28亿元的总价全部转让给中国华润，这占万科总股本的8.11%。当时，华润北京置地股份有限公司已持有万科1707.35万B股，占总股本的2.71%。

自此，华润成为万科第一大股东，与万科管理层相濡以沫十六载。从中也可以看出，华润坐上万科第一大股东之位所出的资金还不到3亿元，就拿到了万科10.82%的股份。我们可以认为，华润现有的15.3%万科股，有2/3是在2000年及以前获得的。

这些年来，华润从万科获得的分红足以羡煞旁人。以2009年到2016年的利润分配计算，万科每股的累积红利达到2.16元，而华润持有16亿多股。因此，华润在这段时间内所获得的分红就超过了30亿元。而华润把万科股票转让给深铁的价格高达372亿元，再加上这些年来的分红，累积收益应该超过了400亿元。而作为“接盘方”的深圳国资委，当年以不到3亿的价格将第一大股东位置让给华润，如今要拿出近400亿的代价重入万科。

自从退出了万科股权大战，华润集团旗下的地产公司华润置地就开始大幅度拓展自己的领土。2017年的三个月内，华润置地共斥资149.2亿元，在全国拿下13个总面积为327.7万平方米的土地，其中在3月份就斥资118.92亿元，在南京、济南、天津等各大城市先后收购了9块总面积为280.64万平方米的土地。

2017年3月22日的业绩会上，公司董事会副主席唐勇说，以往都是华润集团支持华润置地的增长，在今后的岁月里，集团还将进一步加大力度。但是集团注资毕竟有限，很难带动华润置地的增长，因此华润置地还是要依靠自身来实现目标。华润置地2017年的销售目标为1200亿元，同比增长10%即可。

值得一提的是，2017年4月18日，华润旗下的华润置地通过公告宣布，万科董事长王石将于6月股东大会结束后，退出华润置地独董之列。自此，万华之间再无纠葛。

1997年4月，王石成为华润置地独立非执行董事，这20年显然超过了华润做万科第一大股东的时间。不过据知情者透露，虽然王石在华润独董的位置上做了20年，但由于事务繁忙，他很少参加华润董事会会议。

例如，华润置地在2015年召开的1次股东大会、1次股东特别大会以及9次董事会会议中，王石均未出席。同时，王石也没有参与过公司相关项目的探讨和公司监管发展及董事职责的研讨。因此外界认为，王石之前在华润置地担任董事，只不过是一个象征，而随着华润与万科撕破脸，王石更不可能坐在那个位置上不下来了。

目前，华润置地的董事会成员已经发生巨大变化。其中，张大为、李欣、谢骥任进入公司决策层，担任华润置地执行董事及执行委员会委员。此外，从2017年4月18日起，华润置地董事会副主席唐勇晋升为执行委员会主席，吴向东、俞建获进入执行委员会，而董事会主席一职自吴向东请辞后，便一直空着。

所以说，王石是不是华润置地的董事会成员已经不重要了。或许正因如此，当万科被华润抛弃时，王石只是表示了意外和愤慨，并没有破口大骂。

华润及各方势力的利益得失

这是一场没有导演只有演员的商业利益大战，它以“万宝之争”为起始点，逐渐牵扯到试图分享利益蛋糕的其他相关企业。对于万科来说，这些强行加入其股权运筹、试图分一杯羹的企业都是“野蛮人”。

据报道，在2016年前，华润和宝能的高层曾经在新加坡有过一场秘密会谈，华润方面称，他们想要从“宝能系”手中收购万科的股票。但是，“宝能系”并没有买华润的账，原因是华润给出的收购价格太低，精明的“宝能系”当然不会接受。

这则消息包含了一条重要的信息，即华润想要占据万科的控股地位。随后不久，在3月18日的股东大会上，华润明确提出反对万科引入深铁。从这一点也能看出，华润想要控股万科的野心仍在酝酿。

然而，给华润“野蛮人”的标签并不是什么新鲜事。其实，华润早在“宝能系”介入万科之前就已经显露了“野蛮人”的特征，它掌握万科15%的股份，虽不是绝对控股股东，但也是相对控股股东。

虽然华润所持有的股份不足万科总股份的一半，但是相比于其他持股股东，华润已经在万科董事会拥有足够的发言权。傅育宁当家的华润不想再屈居于人后，也不想再做万科背后的“僵尸股东”，它想要走到万科的台前，让所有的目光都集中在自己身上。从这一点来看，我们似乎就不能将华润比作腹黑的“野蛮人”，因为，它只是想从一个幕后演员变成一个台前演员而已。

但是令万科没有想到的是，这位一直在幕后恪尽职守的“演员”已经具备了出场的实力和野心，所以，当它出现在控股的舞台上时，万科管理层开始惊慌了。客观上看，华润的行为并没有违背其身份，它只是试图摆脱站在幕后可能失去话语权的危机而已。因此，华润所做的一切用“正当防卫”来形容可能更加贴切。若站在华润的角度，华润的行为是无可诟病的，但在利益面前，万科的管理层也反水了。华润在立场上陷入了尴尬的境地，各大股东为了各自的利益站在了万科一边，这就导致万科管理层与华润产生了重大分歧。

从不同的角度看待问题，我们可以更容易理解整件事情的原委。我们不妨逐条分析参战各方的诉求。

首先，华润的诉求是什么呢？

其实，在傅育宁眼中，控股权才是第一位的，而财务分红权只能排在第二。从傅育宁的企业管理风格可以看出，如今的华润可能比以往更加强势，这种强势充分体现在了华润对万科的态度和行为上。

“万宝之争”打响之后，王石请求华润庇佑，但华润却采取了静观其变的态度，即使后来有所行动，却也为时已晚。再后来，华润又强势介入洽购宝能万科股权。这种资本的操作路径不可谓不高明，这种主次分明、前后有序的行动策略充分显示了华润独到的资本追求。该种策略具有一个核心，即万科股权不能旁落，只有掌握了控股权，才能真正掌握利益，所谓的财务分红权，只不过是控股权的附属品而已，有了控股权，财务分红权也就唾手可得。

然后，我们来看万科管理层有哪些诉求。

王石在引入深铁时说：“万科之所以引进深铁，是因为引进深铁可以帮助万科资产重组和业务发展。这不仅是我的意见，也是万科管理层的想法。”虽然王石提出引入深铁对万科来说意义重大，但是，万科的选择关系到整个管理层的利益，所以事情并不会像王石所想的那样顺利。

如果有人问，谁才是万宝大战中至关重要的角色，那么确切的回答应该是“操纵大盘的万科管理层”。实际上，这场股权纷争的走向是由他们的态度决定的。

有人认为，这里或许有一个悬念：华润本就是万科的大股东，那么对万科管理层来说，华润从“宝能系”那里收购自己的股权，不应该是一件值得高兴的事吗？引入深铁难道是为了阻止这场收购？

实际上，如果万科管理层不引入深铁，就可能出现这样一个可怕的结果，也就是万科必须按照规定进行复盘。根据深交所对企业停牌的相关规定，企业停牌的时间需限制在三个月以内，若超过三个月，就要根据规定复牌，即使可以继续申请停牌也要在考察多方面因素之后综合评定。

也就是说，万科若发生重大资产重组，就要经历停牌和复牌的过程，但是如果万科的重组进展不顺利，就要按照深交所的规定进行复牌。按照当时的情形，复牌就要承担股价暴跌的风险，如果真发展到这一步，对各利益方来说都是一场悲剧，包括“宝能系”、安邦和万科管理层。

特别是对万科管理层来说，复牌的损失是巨大的。万科停牌之前的股价高达24.43元，“宝能系”刚入股万科时的股价却很低。万科管理层持有 4. 14%的万科股份，如果复牌导致股价暴跌的话，最大的损失者无疑就是万科的管理层。所以，我们若站在万科管理层的角度思考，大概也不会同意华润从宝能系收购万科股权。

如果华润因为财力有限而不能顺利洽购宝能所持股份，那么在 3 月 18 日因复牌而面临损失之前，万科引入深铁就成了唯一的救命稻草。对万科管理层来说，即使华润不同意深铁加入，他们也会这样做，这是利益使然。假设华润有能力从宝能那里成功购得万科股份，万科的管理层也是不情愿的，因为这样也可能导致万科股价发生动荡。也就是无论如何，他们的利益都无法不受损失。

接下来，我们再来分析宝能和安邦的诉求。

宝能和安邦在这一事件中扮演的是风险投资者的角色，它们对实业不感兴趣，它们感兴趣的是通过炒股获利赚钱，而出售万科股份给华润就是一个赚钱的好机会。

最后，再来看一看其他机构股东的诉求。

因为看好对万科长期投资的回报，所以这些机构股东义无反顾地购买万科的股票，如果万科的股价发生动荡，他们必定是在意的。

所以，除了华润之外，万科的几大股东在意的都只是股票价值，而引入深铁就是提高股价的契机。华润反对深铁入场就是与万科的多数股东为敌，其中的力量悬殊一眼便能看出，因此，王石才会宁愿得罪自己的大股东，也要拉深铁入场。而华润虽然不情愿，但也只能在股东大会上投出赞成票。

有人认为，这次事件的最大转机在于，宝能是否会在关键时刻倒向华润一边。但是，我们仔细分析宝能的目标就能发现，谁能让它获得最大利润，它就会倒向谁。如果华润有能力从“宝能系”购买万科的股票，宝能就会支持华润。但华润财力有限，无法购买自己的股票，支持华润就相当于将自己的利益葬送，这显然是宝能系不能接受的。2016年，许多蓝筹股回归市场，市场运行较为稳定，在这样有利的资本环境下，深铁的入场正好是宝能赚大钱所能利用的题材。

假设宝能真能毕其功于一役，选择支持华润，使它们的合并股权高达39%，这也不意味着它们就没有威胁。其他的股东不会坐以待毙，而会通过各种渠道发起征集投票，如果他们能联合大部分中小股东，那么相比之下，宝能和华润的话语权还是不够的。

因此，按照这些分析，华润在万科引进深铁问题上是注定要落败的，可以想象，“万宝大战”很快就能结束。

但是话又说回来，王石也不能在这一事件上表现得过分高调。因为深铁能否成为万科的第一大股东还未可知，即使能，被稀释了股权的华润仍旧是万科的一个大股东，或许它无法阻止引进深铁，但不代表它对万科的其他问题没有话语权。这次嫌隙是否会成为未来华润回击万科管理层的理由呢？可以说，这是非常有可能的。作为风险投资人，宝能和安邦离开万科是迟早的事情。之后，若是新的大股东站在华润一边，它们是否会清洗万科的管理层？这谁都不能保证。因此，“万宝大战”在未来还可能在万科内部掀起第二场风波。

万科与华润之争的三点关键

2016年6月18日夜，万科发布公告称，准备以456.13亿元的初步交易价格，收购深铁旗下前海国际的全部股权。这是继万科董事会同意引入深铁之后拟定的收购计划，若计划成功，深铁将成为万科的第一大股东。

而在万科的董事会上，华润的三名董事代表对该预案表示反对。华润的目标很明确，即继续维持自己万科第一大股东的地位。若深铁入股万科，华润的股权将被稀释，届时只能在控股份额上屈居第三，这是华润不能接受的。

华润反对万科收购预案的理由是：以456.13亿元收购深铁旗下公司，耗资过于巨大，开发周期时间长，回收资金速度慢，不利于未来几年内股东的每股盈利。这样的理由很显然是利用为众股东说话，从而为自身谋利，或者说是在为自己保证利益。因为根据华润的内部数据，若万科的收购计划成功，华润应占万科的权益将大幅度减少，据保守估计资金损失将近20亿元，并且在未来几年内还会持续减少利润。

虽然华润给出的反对意见看似很充足，但万科管理层也有自己的看法。据万科内部人士透露，收购计划意在使万科获得长期利润，引入深铁是为了万科的长期发展，虽然在未来两三年内，万科的盈利能力受阻，但之后的利润回报将是无比丰厚的。据万科内部数据显示，万科2016年全年销售额达到3647.69亿元，同比上升39.5%。虽然次于中国恒大，居于行业第二，但总体保持良好增长趋势。对万科的股东而言，未来两年内的利润增长是值得期待的。

2016年6月17日，在万科的董事会上，华润仍不死心，继续提出反对意见：万科引入深铁的方式有很多，比如现金购买、债权融资等，没有必要通过发行股份的方式进行。

针对华润的反对，万科也有较为独到的发言。一些股东认为，收购计划意味着万科是为未来铺路，而不是仅仅将目光放在两块土地的利益上。万科可以用现金购买土地，但是要想成就更好的未来，还需要将深铁拉进董事会。据相关人员透露，深铁也非常赞同这种做法，若只想获得暂时的利润，深铁完全可以以高价将土地卖给万科，而事实上，深铁需要的是万科的股权，所以两者才一拍即合。

在万科的董事会上，由于利益上存在矛盾，华润董事与其他独立董事的意见自然不合。现场的4名独立董事中，有3名支持万科的收购方案，还有1名对表决采取回避态度——该董事认为自己的项目与万科的项目存在较大冲突，因此对所有相关议案予以回避。

所以，在计算表决人数时，华润和万科再次产生了分歧。华润认为，采取回避态度的独立董事应该计入董事人数基数，所以目前的赞成票只有7票，与所有董事的2/3还相差1票，因此议案不通过。万科则坚持认为，采取回避态度的董事不应该计入董事人数基数，所以议案通过。他们的理由是，公司法有明确规定，若提出议案后，董事会上有关联董事，那就必须除去关联董事，由其他董事投票表决。

华润是按照公司章程行事，万科则坚持奉行公司法，两者都没有提到总人数需不需要加上未表决董事的数量。据相关人士表示，由于公司章程相对于公司法级别较低，所以应该按照公司法的计算方式计算，即将所有具有表决权的董事作为基数。而以此方式计算，赞成通过的董事人数已超过总数的2/3。

6月18日，万科董事会上的11名董事中，1名弃权，3名反对，7名赞成，万科最终通过了相关收购议案。在前后两次会议中，华润先是对收购议案表决程序提出异议，然后又明确提出反对深铁入股万科的决议，这充分表明了华润在引入深铁一事上的立场。

根据万科提出的购买计划，万科将以456.13亿元的初步交易价格购买深圳地铁旗下的前海国际100%的股权。但是，交易是以股份方式支付，也就是说，万科要收购深铁旗下公司，就要给予深铁等价的股份。

而当时，万科的对价股份发行价格为15.88元每股，按照这一价格计算，深圳地铁最终得到万科2872355163股A股股份，约合万科总股份的20.65%，深圳地铁也由此晋升为万科的第一大股东。

引入深铁后，万科其他股东的股份被稀释，宝能持股比例降为19.27%，华润持股比例降为12.10%，安邦持股比例降为3.61%。这样一来，对万科怀有野心的华润只能屈居第三大股东的位置。而实际上，华润一直占据着万科第一大股东的宝座，并且拥有三个董事席位，但是经过这次收购，华润在万科方面的整体话语权被削弱，这让华润感到极不平衡。

实际上，万科和华润的矛盾早就注定了。万科曾经不止一次地向华润求助，希望华润可以增持自己的股份，但是华润考虑到自身利益，并没有同意。同时，华润对万科也有想法，其代表方曾经示意万科的领导层，希望双方加强合作，施行万科和华润置地整合的战略。但是，经过利益的权衡，华润又否决了自己的这一提案，这给万科方面留下了很不好的印象。另外，万科方对与华润置地的整合也不看好，认为这样只会增加内部耗损，而不会带来实际增收。

华润要想获得原来的话语权，就需要重新成为万科的第一大股东，但是华润方并没有就此提出什么有效的方案。万科不需要现金，它需要的是具有较大发展潜力的资产，这对于万科的长久发展具有重要的意义。而华润的利益点也在资产，但它并没有与万科合作，而是将自己的大部分资产注入了华润置地。如果华润能用资产与万科置换股权，这当然是万科喜闻乐见的，但是华润显然没有用资产与万科置换股权的意向。

当然，为了重新成为万科的第一大股东，华润也做了相应的努力，比如向宝能洽购万科的股份、反对深铁入股万科等。但这些措施都没有取得实质的进展，除此之外，华润是否有其他动作还尚不可知。

万科通过收购预案后，还需要将议案提交深交所进行 1 ~ 2 个月的审核，在此期间，该预案还可能被修改。也就是说，这件事在整个程序还没有走完之前，还有转折的余地。只有当该预案经由万科的董事会和股东大会进行二次审议，收购计划才能最终实行。

按照当时的情况，在没有最终实行收购方案之前，华润还有两次提出意见的机会，即 1 ~ 2 个月之后的万科董事会及股东大会。在这两次大会上，华润要想改变局面，就必须联合更多的股东，从而保证自己占有更大的比重，拥有更多更有力的话语权。

而是否能争取到更多的股东，其关键在于交易对价。万科收购方案中的交易对价是15. 88元，而当时的市场预计价为16元。但是，如果与万科的H股股价相比，交易对价又相对偏低。对于华润来说，弄清楚绝大部分股东对该价格的满意程度，才是翻盘的关键。起码当时宝能和安邦等大股东还没有最终表态，所以华润接下来的行动必定是想方设法与其他大股东进行洽谈。

然而，华润也不能对这两次会议抱有过多期望。因为万科的收购计划通过二次股东大会是相对容易的。为什么这样说呢？这与一些管理规定有关。

万科2015年底的合并总资产为6112. 96亿元，其中有1001. 84亿元属于万科母公司股东，总营业收入达到1955. 49亿元。而前海国际当时的预估值是456. 13亿元，仅相当于万科资产总额的7. 54%，资产净额占万科的45. 53%，营业收入只有万科的0. 01%。

按照《上市公司重大资产重组管理办法》的规定，万科的这次收购只是利用股份来购买资产，在规模上还不属于重大资产重组。根据万科公司的管理章程，当收购金额超过公司总资产的30%，表决达到2/3才能予以通过。而此次收购前海国际的资产总额未超过公司总资产的30%，也就是说，在召开股东大会进行表决时，不需要表决2/3以上，只需要有一半以上的票数就能通过。

如果按照这种情况，以王石为代表的万科管理层只需要争取一半以上的股东，就能顺利引入深铁。同样，华润如果仍然反对这次收购计划，也需要争取到一半以上的股东投票。

就持股比例来看，当时，宝能、华润以及安邦是万科的前三甲，这三个股东合并持股45%，而其他占比较大的股权也多以机构股东为主，所以，华润与万科管理层之争的关键是“宝能系”。当时“宝能系”的持股比例为24.29%，安邦的持股比例为6.18%，宝能是议案通过的关键，安邦也是重要的推动力量，无论哪一方能拉拢到宝能，都将大大地提高自己的胜算。

通过分析，我们可以发现，万科的收购议案要想顺利完成，需要综合三方面的内容：第一,万科各个股东满意收购价格并支持收购计划；第二,万科董事会和股东大会的最终表决顺利通过；第三，国资委、证监会等相关部门持支持态度。其中，争取股东的支持是万科和华润首先要努力的方向。

华润退出万科，赚400亿成新任“股神”

2016年12月18日，万科酝酿已久的收购计划宣告破产，万科管理层收购深铁资产的愿望最终未能实现。这一结果在市场上引起了巨大的反响，商业界对王石与“白衣骑士”的爱情只能报以一声嗟叹。一些资深商业人士在调侃王石管理层时，还为其列了一份“意愿清单”：2017年3月，万科举行“雅尔塔会议”，会议内容为改选新一届的万科董事。显然，人们对以王石为代表的万科管理层能继续管理万科并不看好。在此种局面下，王石的存留问题就成了新一轮争论的焦点。王石若想继续留在万科，就需要再出奇谋，但这种概率非常小。

2017年1月12日，一个重要消息在商业界炸开了锅。该消息指出，万科的A股和H股将要停牌，原因是华润对万科股份的筹划使万科的资产产生了巨大变动。不久，具体消息称，万科A的公告明确指出，华润将全部股份转让给深铁。具体的公告内容是：华润集团和中润贸易公司决定将持有的万科股份，合计1689599817股A股份，转让给深圳地铁集团。以协议的形式转让之后，华润集团和中润贸易公司将不再是万科的股东。该次转让的交易价格是每股22元，合计转让价格是372亿元。华润转让股票后，2017年1月13日，万科股票开始复牌。

几经波折，万科终于如愿以偿地与深铁结成了“新伴侣”，虽然结合的形式不是万科管理层原先设想的那样，但最后的结果是一样的。深铁的实力深不可测，其背后的力量更是让市场惊叹，而宝能系则变得岌岌可危。

华润的离开成就了2017年资本界的第一场大戏，最终结果是：万科和深铁成功结为商业战略盟友；万科管理层在董事会上的话语权得到提升；华润以和平的方式退出这场利益之争，以近400亿的收获宣告离开也算得上名利双收；地方企业正式取代央企在万科的地位。

这次转让后，深铁对万科的持股比例为15．31%，高于恒大的14．07%，但与宝能系的25．40%仍有差距，成为万科的第二大股东。

在2017年的中城联盟年会上，王石对万科的未来提出了构想，他认为，未来的万科依然会坚持走自己“傍大款的正道”。那么对于万科来说，什么才是“傍大款的正道”呢？王石给出的答案是：引入大型国有企业。因为在国家稳定发展的大形势下，国有企业是企业的标杆，它们将一马当先，带领其他企业共同进步。

与此同时，王石的朋友胡葆森也在年会上表示：“万科已经看到了胜利的曙光。”我们先来看一看，华润转让股权之后，万科的股权结构如何：

股东	持股比例
宝能系	25．40%
深铁	15．31%
恒大	14．07%
安邦	6．18%
万科管理层金鹏计划	4．14%
万科德赢资管计划	3．66%
万科工会	0．61%

可以看出，“宝能系”、深铁以及恒大在万科的股权分配上呈三足鼎立之势。其中，如果算上隐藏实力，恒大只要联合它在香港的“朋友”，其持有万科股份比例可达到17%。而表面上看，深铁是万科的第二大股东，但其持股比例远低于宝能。也就是说，即便深铁购买了华润全部的万科股权，万科管理层也依然撼动不了“宝能系”作为万科第一大股东的地位。

根据深铁发出的声明，可以确定的是，深铁是站在万科管理层这一边的。深铁的支持声明中提出，万科是国内房地产行业的龙头企业，管理团队优秀，开发经验丰富，发展基础扎实，引入深铁对万科和深铁的战略合作具有重要的发展意义，深铁将大力支持万科管理团队实施合理的管理和运营措施。

所以，在一个较为理想的情况下，万科的管理层是有可能与“宝能系”相抗衡的。例如，在深铁的支持下，万科管理层若能获得安邦的支持，其股权比例将超过25.6%，高于“宝能系”的25.40%。

由于此种原因，2016年年底曾有消息称，“宝能系”在当时已经开始计划退出万科，以防止自己的利益蒙受损失。

据相关分析专家称，华润转让股权给深铁并退出万科，只是使万科股权之争得到一定程度的缓和，并没有真正解决问题。以“宝能系”和万科管理层为主的利益各方所构成的局面依旧复杂，未来的发展如何，还需要实践来检验，旁观者需要借鉴的是投资过程中处理风险的经验。

但是，无论从哪个角度来看，华润以近400亿元的收获退出万科都是非常明智的选择。可以肯定，在这次万科股权之争中，最早的赢家是华润。退出万科后，华润在公众平台上发布了声明，向昔日的盟友慷慨作别。该声明表示，华润的离开并非偶然，乃是综合考虑各方面因素之后才做出的决定：离开万科满足了华润自身发展和产业布局的需求，也满足了国有资产增值保值的需求，有益于万科的稳定发展，也有益于加强地方企业合作，实现多方共赢。

华润和万科拥有十几年的友谊，在万科最困难、最无助的时期，华润也曾为它提供了许多帮助和支持。比如在万科股权由B股转为H股时，华润的积极配合起到了关键作用；在万科股权分置改革以及推出股票期权激励计划时，华润的大力支持促进了改革和计划的顺利进行。当然，万科与华润也有过矛盾，比如万科与华润置地在同行业展开竞争，谁也不甘落后于谁。但是，就在这个时期，华润作为万科的盟友，没有偏向于自己的产业，而是保持中立，对相关矛盾进行了妥善的处理，这使得两者的关系更加紧密。

华润对万科的贡献是巨大的，即使处于不同的利益层级，万科的管理层也在以往的岁月中积极肯定了华润。但是归根结底，华润是一个风险投资者，它扶持万科的目的是更好地进行资本运作，华润从来没有将万科看作自己的核心产业，“华润系”也不包含万科。在资本发生重大变动时，利益的天平开始倾斜，为了不蒙受损失，股权的争夺是必然的。由此，尴尬的局面也相继产生。

然而几经较量，华润决定退出万科。这不是妥协，而是华润懂得知足，不管怎样，华润收获了足量的资金，它已经算是一个成功的投资赢家。

2000 年 8 月，华润与万科正式建立同盟关系。华润本来持有万科 2. 71% 的B股，然后又在当时与深圳特区经济发展公司进行了一场股权交易，期间，华润以 4. 46 元每股的价格买下了万科 8. 11% 的股权。旧持股与新购股相加，华润一举晋升为万科的第一大股东。然而，令人感到不可思议的是，当时华润只付出了 3 亿元的代价，就成功获得了万科第一大股东的身份。

实际上，在华润退出万科之前所持有的15. 3%的万科股份中，半数以上都是来自2000年前的万科。自2000年之后，华润每年都能从万科获得丰厚的利润。虽然万科自2009年以后就没有再送给华润转股，但华润持有的万科股份已经超过16亿，而且累积计算，每股的红利高达2. 16元。这样一来，仅是2009年后的万科分红，华润就获得了超过30亿元的利润，这与它3亿的持股成本相比，整整翻了10倍。

而如今，华润选择退出万科，它转让万科股份给深铁的套现金额就高达272亿元，如果加上十几年来在万科获得的持股分红，华润在万科的累积收益将超过400亿元。

作为万科十几年的大股东，华润所持万科股份的股价上涨了17倍，每股分红的数额就远超买入的股价。华润对万科的投资无疑是成功的，甚至可以说，这是A股投资最成功的案例之一。

vanke

PART 08

百亿救赎

恒大举牌跃居万科第三大股东

美国《财富》杂志在2016年7月20日发布的一份报告显示，中国恒大是全球首家只用了20年就进入世界500强房地产行列的大型企业。而根据恒大官方数据，恒大拥有的总资产已经超过7000亿元人民币，年销售额高达3000亿元人民币。由此可见，恒大的规模与实力确实不容小觑。

恒大早已不是单一化的企业了，它绝对控股的上市公司已有10多家，涉及地产、金融、互联网、文化等多个领域。恒大进入世界500强榜单那天曾发布公告，将公司名称更改为“中国恒大集团”。这是许家印野心勃勃的外在表现。恒大还宣称，到2020年，要实现总资产3万亿元人民币的目标。其中，房地产年销售额要达到6000亿元人民币。

因此，对于万科这个全球最大的住宅房地产企业，恒大又怎么可能不感兴趣？而万科的股权之争正在如火如荼地进行，所以恒大才不惜花费数百亿举牌万科。但最终能否如愿以偿，我们只有拭目以待。

豪掷百万，跃居万科大股东之列

2016年8月4日，恒大也加入了购买万科股权的行列，持股比例达到2%。不久，恒大发布公告宣称已经耗资91. 1亿元，收购了万科总额约4. 68%的股份。

据业内人士分析，按照恒大所持有的股份额度来算，如果它与某一方联手，也许整个股权斗争的格局将会被彻底改变。由此，“万宝之争”又有了新力量入局。

对于收购万科的行为，恒大方面表示，万科是中国最大的房地产开发商，其经济实力雄厚，恒大收购万科的目的就是为了自身的投资考虑。其实，正是因为恒大陆续买入股票的行为，才使得万科A股稳中回升。截至2016年8月3日收盘，万科A股股价已经反弹近7%，而第二日更是达到尾盘封死涨停的程度。

在此之前，恒大曾两次举牌廊坊发展，目的是借壳或买地，但此次买进万科的目标应该不在于此。实际上，只要持股比例始终保持在5%以下，恒大就不会轻易举牌万科。在交易自由的市场环境下，恒大随时可以抛出股票或者转让股份给其他人。即便持股比例超过了5%，也可以与某些人结成“一致行动人”，从而改变整个万科股权之争的发展态势。

事实上，恒大对万科的股权垂涎已久，期间还与宝能多次接触，希望宝能将手上持有的万科股票转让给自己，但最后都无功而返。

而在之前万科所发布的股权分布表中，宝能、华润、安邦、万科管理层的比例分别为25%、15. 24%、7. 01%、4. 14%，恒大的持股数额已经超过了万科管理层。

在激烈的“宫斗戏”连环上演的同时，万科的业绩也呈现明显下滑的趋势。从2016年8月3日万科A所公布的月度经营中可以看出，虽然万科2016年1月至7月累计销售面积同比上升49%，销售额同比上升62. 6%，达到2175. 1亿元，但是7月份的销售面积只有207. 7万平方米，销售额也只有274. 4亿元，比2015年7月分别下降了36. 4%、35. 3%。据业内人士分析，万科7月份销售业绩环比下降的原因不只是推盘量的降落，重点在于受到了股权之争的影响。

然而恒大所公布的业绩则显示，其2016年7月单月销售额高达430. 1亿元，同比和环比分别增长205%、37. 2%。2016年1月至7月，恒大累计销售额更是达到了1847. 9亿，同比增长82. 6%。同时，其单月销售额超出200亿元已不足为奇，甚至还出现了在两个月内连续突破300亿元大关的优异业绩。

专家指出，近年来，国内的房地产行业优胜劣汰脚步加快，恒大与万科已成为行业内的领军羊，因此，“万恒之争”在所难免。而恒大此举的意思就是，不只要做房地产营销领域的老大，也要做房地产股权控制方面的佼佼者。

不久，就在“宝能系”奔波于第二战场——南玻A的“人事波动”时，恒大突然再度增持万科A。

根据万科发布的公告，在2016年8月12日至22日以及11月9日至22日期间，“恒大系”在深交所购入了大量的万科A股，总数高达5. 52亿股，占万科总股比例的5. 00%。此外,11月10日至17日，“恒大系”还耗巨资再次增持万科股份至10. 43亿股，持股比例达到9. 452%。

由于“恒大系”持续增持万科，2016年11月18日，开盘不久的万科A股便呈直线上升趋势，创下每股29元的历史新高度。这也表明，在万科A股急速升高之时，“恒大系”并未停止增持。11月18日至22日，“恒大系”再度买入0. 61亿股万科A，当时万科A的股价是每股27. 3元。

对于恒大的增持，万科管理层的态度始终模糊不清。在之后的万科广深媒体交流会上，王石说:“万科不只是一个‘有价值的壳’，还是一块‘唐僧肉’，各种资本盯上它并不奇怪。不过我坚信，即便有人已经盯上了万科这块肥肉，也会在合理而又合法的基础上‘吃下它’，否则难以服众。”

“恒大系”持续增持万科的目的是什么，明眼人一眼就能看出来，不管是看中万科的“壳”也好，还是爱上这块“唐僧肉”也罢，其实都不太重要，重要的是双方都能在一定的规则之内做这个“游戏”，至少不要让外界觉得中国的资本市场毫无规则可言。

恒大连续举牌万科的真实目的

在首次举牌万科A成功后，恒大又接二连三地对万科A发起了强烈的攻势。针对恒大如此彪悍的做法，外界纷纷做出种种猜测，但这些猜测都不足以解释恒大举牌万科的真实目的。不过，不管多么隐秘的事情，真相总会有水落石出的一天。

有人认为恒大举牌万科是"迟到"的举牌，因为在恒大不断买入万科A股的行为曝光后，其入主万科的心思早已昭然若揭。众所周知，恒大首次购买万科A股的数量是5.17亿股，占万科股本总额的4.68%，金额高达91.1亿元，每股均价亦达到17.62元。其实，恒大原计划是想购买4.9%的万科A股，但由于一些特殊情况没有达成既定目标。

因此可以判定，恒大原本是想在不触及5%的举牌红线下，利用低股价悄悄入股万科。可是事情的发展却超出了预料，随着消息的泄露，恒大索性放心大胆地不断买入万科A股，直至举牌红线。随后，万科A发布公告宣称，"恒大系"通过集中竞价合计增持万科5%的股份，达到了举牌标准。

那么，恒大举牌万科的真实目的何在?

在"低调入主"的如意算盘被打破后，恒大也不再做掩人耳目的事情了。在惊叹恒大财大气粗的同时，我们不得不对其入主万科的真正意图做出思考。除了恒大给出的财务投资理由外，外界对于许家印的其他意图似乎更加关注。

根据一篇名为《许老板钟情的是万科董事会？》的文章，再结合恒大买入万科的时间点来看，我们可以推测出，恒大购买万科股份的目的或许是在万科董事会谋得一席之位，从而借助万科这个行业老大的实力，在房地产行业分一杯羹。

其实这种猜测也并非毫无根据，从恒大入主万科的理由中就可以寻找到一些蛛丝马迹。比如，恒大本身就具备强大的成本与规模优势，与万科的合作，将对其产生积极的影响；通过与万科这个中国最大的房地产企业的强强联合，资源将获得最优化的配置效果，恒大也将得到更多性价比更高的产品。再者，在恒大看来，“宝能系”虽然实力也不弱，但是房地产方面的业务做得并不是太出色，这对于万科的未来发展并没有太大的帮助。而恒大则不同，它不仅能与万科完美结合，更能将万科的优点发挥到极致。从上述理由中可以发现，恒大显然是冲着万科的经营去的，甚至还想与万科“整合”。

此外，一旦当上万科大股东，恒大要成为行业内的“带头大哥”并不难。哪怕万科在未来发展得并不好，恒大也可以借机上位。倘若万科业绩大涨，恒大还可以凭借持股量获得巨额收益。

实际上，恒大与万科之间最大的差距在于市值。如果恒大继续增持万科，再加上原有的资产规模，万科成为行业第一的可能性非常大。当然，恒大的介入或许也会给持续已久的万科股权之争带来新的希望，让一直僵持不下的局面尽快结束。

在恒大入股万科的消息传出来后，万科A股持续大涨，这对于“宝能系”这样的万科大股东而言是再好不过的事情，至少之前濒临爆仓的风险瞬间消失，由爆仓所产生的杠杆性连锁风险也不会再出现。如此看来，许家印还真是一个“大救星”。

在增持万科的整个过程中，恒大总共通过了17家关联公司完成了计划。在新增的3家公司中，恒大地产集团首次在增持公司名单里出现，其持股数额为2万股，占总股本的0. 0002%，排在“恒大系”第10位。

从增持价格上看，恒大首次举牌万科的均价为每股18. 06元，耗资约99. 68亿元，购买到551959870股；第二次举牌的价格为均价25. 44元，耗资约140. 42亿元，购买了551955456股。所以，恒大持有万科股票的成本均价为每股21. 75元，耗资约240. 1亿元，购买到1103915326股。

对于连续增持万科的行为，恒大表示完全是因为认可万科A的投资价值。

恒大继续增持万科之后，投资收益便超过了60亿元。但倘若不再增持万科，而是继续保持首次增持万科的状态，那么恒大的投资收益也已经超过了50亿元。可是随着恒大的连续增持，其持有万科A的成本不断增加。从第一次举牌到第二次举牌，每股的成本单价就提高了7. 38元，增长率达到40%，这绝对是一场不错的交易。

2016年7月，在“万科股权之争”各方大战正酣时，恒大的突然入局导致万科股价持续上涨，使得之前“宝能系”因为受到万科A股持续下跌的影响而面临的爆仓的风险消失了，甚至还盈利颇丰。

刚开始，人们对恒大的行为产生了诸多不解，一度认为恒大是来搅局的。但随后的事实证明，恒大不是来搅局的，恒大对于万科的兴趣从未锐减过，对万科A的增持从5%、6. 82%涨到8. 285%、

9.452%、10%，再涨到后来的14.07%，可见，恒大对万科已经到了执念颇深的程度。

除了财务投资这个目的外，还有人认为，恒大是想借助万科这个硬平台增强与地方政府合作的资本。比如，恒大想借壳深深房A回归A股市场等。深深房A是1993年7月由深圳经济特区房地产股份有限公司经深圳市人民政府办公厅批准，在原深圳经济特区房地产总公司基础上改组而成的，其所发行的A股于1993年9月15日在深圳证券交易所挂牌交易。

但是从恒大的强势态度来看，或许它的最终目的真的是竞争控股权。从“恒大系”以往的做事风格分析，恒大人寿以“炒股”的方式获得了财务收益，而恒大地产以地产类股为标的得到了控制权，所以恒大地产为获取控制权而跻身万科股东之列也不是不可能。

不过也有专家表示，恒大不断增持万科的真正目的，或许与2017年3月的万科董事会改选密切相关。因为按照万科公司章程的规定，万科董事的选举应该由股东大会决定，每届任期3年，从股东大会通过之日至当届董事会任期届满截止。所以，2017年3月的万科董事换届选举，成为各方所关注的重中之重。

然而，根据万科公司章程的另一项规定，非独立董事候选人的名单需由连续6个月单独或合计持有公司发行在外且具有表决权的股份数额超过3%的股东决定。当前，达到这项标准的股东有宝能、华润、安邦、万科管理层，还有就是恒大。这便预示着，在万科董事会召开之际，上述股东都有权，而股权越多，话语权就越大。

这就是为什么恒大要在此前增持万科了，因为举牌对于恒大来说就等于拥有了一张进入万科新一届董事会的“绿卡”。而继续增持是为了增加话语权，获得更多的董事会席位，甚至实际控制万科。

业内人士分析称，在这场股权之战中，恒大所处的位置再好不过，无论是攻还是守，都能进行得游刃有余。而获得万科的控制权肯定是恒大最大的目的，即便最后以失败而告终，从某种角度上说，这笔交易也不亏，因为恒大不只获得了股票收益，还收获了价值效益。

此前还有传言说，在收购万科时，恒大并非独自奋战。与许家印私交甚笃的中渝置地董事局主席张松桥以及新世界发展董事会主席郑家纯共持有万科2%的股份，他们或许就是许家印的“一致行动人”。

据说，张松桥、郑家纯与许家印都是交情不错的牌友。在许家印旗下的恒腾网络的股东中，张松桥的力信资本便是其中之一，张松桥退出内地房地产市场后，许家印还接手了他的几个数百亿元的内地项目。此外还有消息称，郑家纯的公司还通过各种手段买入了大量的万科A股，但因为持股较为分散且未达到举牌红线而没有引起太多的关注。

无论恒大举牌万科的真实目的到底是什么，至少在这个过程中，恒大对万科A股市场还是起到了一定的积极作用。

蹚浑水——许家印到底是救兵还是内应

许家印高调入局以后，万科股权之争更是众人茶余饭后的谈资。一向精明能干的许家印为什么要蹚这趟浑水呢？他到底是万科的救兵，还是“宝能系”的内应？

在这场如火如荼的股权大战中，恒大短期内买入大量的万科股票，显然不是为了做“价值投资者”。因为在股权大战没有落幕之前，万科的股价完全处于高估的状态。倘若不是“宝能系”、安邦、华润、万科管理层的连番抢筹，万科的股价也不会太高。对此，许家印又怎么会不知道？当然，许家印也不是想在短时间内大赚一笔。毕竟根据之前的形势来看，万科已然成为一个烫手山芋，各大企业为此斗得不可开交，或许还会有人因此入狱，所以许家印绝对不是来挣快钱的。那么，许大老板是否想发展实业，通过购买万科股票与万科合作开发房地产呢？

这种可能性还是有的，但绝对不是最主要的原因。作为中国十大房地产开发商之一的恒大，如果真心想与万科合作，就不会等到现在，此时高调买入万科股票求合作，也完全不符合逻辑。而且地产公司联合开发的情况非常多，根本没有必要拿出那么多资金购买股票以求合作。

如此，许家印必然代表着万科管理层、“宝能系”、华润、安邦及深铁中的某一方。那么，他到底是谁的帮手？

有人说他是傅育宁的助攻。因为在2016年3月举行的政协会议上，许家印与傅育宁相谈甚欢。有传言说，许家印在当日还向傅育宁提出，以每股20元的价格，收购华润所持有的万科股票，但遭到傅育宁的拒绝。从这方面来看，许家印和傅育宁聊的内容应该不少。

难道许家印是姚振华的内应？许家印突然加入战局的行为，从表面上看似乎成全了姚振华。因为在万科管理层的连续动作下，万科股价有下跌的趋势，一旦下跌，宝能的9个带杠杆资管计划可能会爆仓，到时候，姚振华将会承受巨大的资金压力。但是许家印一入局，万科股票便持续连涨，甚至达到涨停的程度，使得姚振华顿时感觉如沐春风，至少短时间内不用担心爆仓。

许家印和姚振华关系如何？从公司层面上看，恒大与宝能分别起步于广州和深圳，虽然距离不远，但并没有实际上的业务冲突。而且与宝能相比，恒大的业务范围似乎更加广泛，房地产、矿泉水、医疗大数据、P2P等都涉足过，只是只有房地产业务做得风生水起。

不过这两家企业有一个共同点，那就是最后都进入了保险行业，通过卖保险募集资金。恒大是恒大人寿，宝能是前海人寿。有传言说，许家印也曾经对姚振华手里的万科股份很感兴趣，但同样被姚振华断然拒绝了。

从两人的性格上看，身为河南人的许家印却在广东扬名立万，可见他的背景有多么复杂。许家印还是一个风向敏感、做事果断的人，很明白自己要的是什么。而对于身为潮汕人的姚振华来说，广东就是他的家乡和地盘，他有潮汕人的勤奋、胆大、不知足的精神。因此，许家印应该不是姚振华的帮手。

那么，许家印是不是深铁或者安邦的援兵？深铁的来头可不小，它绝对不是一个简单的地铁公司。王石既然能想到引入深铁做同盟，其中就一定有一些不能道明的原因，加入战局的许家印应该不会与王石抢人。至于安邦，它也是个野心十足的家伙，目的是想在这场大战中分一杯羹，因此许家印不可能与之合作。

最后就剩下以王石为主的万科管理层了，尽管都是中国房地产企业的佼佼者，但是恒大当家人许家印与王石私交并不深。据说有一年恒大陷入绝境，许家印不得不向王石求救，但被王掌柜无情地拒之门外。当然，这与王石的性格也有很大的关系，他一直是个傲慢的人，有着清教徒式的自律，精神上的洁癖也限制了他结交圈内人。在地产圈，王石唯一看中的只有他的“亲儿子”——万科，所以王石不会与许家印产生更多交集。

再看他们的爱好，许家印喜欢踢足球，而王石爱的是赛艇、登山、滑雪。可以说，王石玩的是高冷项目，而许家印太过“平民化”。不过，王石和许家印也不是一点接触都没有，“电商奇才”马云是他们共同的黏合剂。马云是典型的“教父”级人物，他说他与王石根本就不是同一类人，王石想征服大自然，他却尊敬大自然，但这也不妨碍二人亲密组团出国旅游。在 2015 年 10 月，二人就一起前往英国拜访了英国维珍金融公司首席行政官杰茵－安·葛提亚。而许家印与马云共同投资了“恒大淘宝足球队”，尽管没有盈利，但是口碑不错。

但是事情的发展却令人大跌眼镜。2017 年 3 月 16 日，恒大突然对外发布公告，宣称将手上所持有的万科股份的表决权全部委托给深圳地铁集团。我们可以认为，心思缜密的许家印最后还是选择支持以王石为代表的万科管理层，使万科管理层在这场股权大战中获胜。

谁是恒大举牌万科背后的终极大BOSS

随着恒大悄无声息地入局，万科股权之争的大变局开始出现。2016年8月，万科A连续涨停，复权股价再创历史新高。尽管恒大在万科身上已经消耗了数百亿资金，但这只是其长远计划中的一小部分。在“恒大系”的方案里，即便拿出900多亿元抢购万科，他们也许都进不了前三名。

自2015年开始大手笔购买其他企业的股权以来，恒大耗资已经超过了1000亿，因此，花费数百亿举牌万科也只不过是恒大布局中的一个零头罢了，甚至连前五名都排不上。期间，恒大从一些港资巨头手里接下项目就花了近600亿，入股并增资恒大人寿耗费约130亿。所以，花掉45.6亿购买嘉凯城与廊坊发展的做法，只算得上小菜一碟。更甚者，恒大还斥资169亿港元回购了自己的股票，位列港股回购榜首位。

作为港股上市的恒大，总资产只有800多亿港元，但它却在较短的时间内潇洒挥霍数千亿！那么，恒大的钱到底从哪里来？其实，恒大之所以如此“嚣张”，关键是背后有三大隐形BOSS在支持它。

第一大BOSS：地方政府的大力支持。相关资料显示，恒大在2015年年底的总负债高达6148.93亿元，还借了2969亿外债，实际年利率为 9. 59%，一年的利息将近 200 亿。按照净借款来算，其权益负债率高达 93. 5%，所以恒大的负债数额高得惊人。

准备在香港上市前，恒大曾遭遇现金匮乏，最终在郑裕彤与刘銮雄等港资大BOSS的帮助下才有惊无险。幸运的是，2015 年以来所飙涨的房价和接连出现的“地王”，让拥有大量土地的恒大大赚了一笔，财务报表上的负债率和利息支出也不再是困扰。

截至 2015 年年末，恒大共拥有 1 亿多平方米土地，每平方米的平均成本为 1173 元。当年，恒大还在北京、深圳、南京、厦门等 54 个城市，新增 75% 的项目土地储备投资额，这些新增土地的储备成本为每平方米 2045 元。

当地方政府从“地王”手中获取巨额土地出让金时，曾经高负债的恒大迅速成为地价疯涨的最大受益者。

第二大BOSS：相关部门的密切关照。由于各种因素的影响，国内的债券市场在很长一段时间内都对房地产企业不完全开放。然而，恒大“爆买”股权的时机，居然与国内债券市场向房地产行业开放的时间同步。

2015 年上半年，由于受到政策的影响，国内债券市场对房地产企业大开绿灯。2015 年 6 月，证监会准予恒大发行 200 亿公司债券，成为首个红筹地产企业，利率虽略高于一些央企，但已经是“格外开恩”了。10 月，恒大还发行了 200 亿私募债，利率不低，但相较于美元债已然很划算了。

仅依靠两项国内债券，恒大就募得 400 亿元的资金。其实，恒大耗资 600 亿收购港资巨头资产的行为，几乎都是在公司债发行后才出现的，恒大在此交易过程中并不需要支付全款，先期最多只需支付3成资金即可。因此，这400亿债券足以撼动更大规模的资产。

第三大BOSS：央企的明显放水。无论怎样，地王和大量债券还是要依靠巨额资金来支撑，而钱的事情最终还得银行说了算。在此前的两年六次降准、降息中，巨量资金涌入金融系统。然而，万科股权之争的开始时间与恒大“爆买”也是惊人的同步。

根据相关部门发布的报告，2016上半年，个人住房贷款金额提升至2万多亿元，同比增长1.2万亿元，6月末已至32.2%。从2016年7月的另一份报告来看，人民币贷款金额在2016年7月增加了4600多亿，同比少增1万亿，而房贷增加了4500多亿，占全部新增贷款的9成多。因此，在新增贷款的类型中，似乎只剩下房贷了。而事实上，购房者从银行获取的贷款，最后还是落入了开发商的口袋里，这还不包括银行给予恒大的优惠。

恒大背后的大BOSS一个比一个强大，如此，在举牌的过程中，它又怎么会瞻前顾后呢?

许家印似乎早已把握了三大BOSS的脉络，无论是回购股票、抢先发债，还是大量拿地、巨资收购、快速销售、布局保险等，他每一次的出招都显得那么高明。但不可否认的是，其三大BOSS的确很出色，要么不帮，要帮就雪中送炭。

举牌万科大败局——恒大与宝能谁亏得多

在香港市场与内地市场，恒大都曾举牌过许多企业，但万万没想到，恒大因为举牌万科而白白失去了一个券商牌照。这项价值数千亿的损失，足以让恒大终生难忘。

事情的经过是这样的，证监会原本准备在广州房地产行业颁发一个证券牌照，只有恒大与另一家房企具备持有的资格，但是恒大因为加入了万科股权之争的行列，成为与“宝能系”相当的“野蛮人”，结果被证监会相关负责人点名批评而遭到一票否决，因此失去了这次绝佳机会。

2016 年年初，保监会负责人曾公开对险资加大股权投资表态，称国家为大力发展直接融资和资本市场，将会降低宏观经济杠杆的大趋势。而由于“宝能系”接连对南玻A、万科、格力股权的收购引发了强烈争议，保监会又出新规定，自 2016 年 12 月 5 日起，暂停“宝能系”旗下的前海人寿开展万能险新业务。这等于切断了“宝能系”的命脉。

此外，保监会的负责人在 2016 年 12 月举行的一次会议上还明确表示：“险资不应该成为某些人谋取私利的工具，而应成为实体经济的助推器。毕竟只有实体经济才是强国的根本与核心力量，也是保证保险业健康发展的基础。保险资金决不能只看到眼前的利益，不能做短期资金的操控者，而是要做长期的资金提供者。保险资金还要成为国内制造的加进器，要做助推中国制造的有效武器，要做善意的财务投资者，而不是恶意的收购控制人。”这些话足以表明，相关部门对实体经济与资本之争已经有了明确的态度。

先是作为“战略投资人”，顺利坐上万科第一大股东之位；然后提议罢免万科董事会和监事会全体成员；再与恒大同时表态，甘愿做万科的“财务投资人”，宝能与恒大在这场股权大戏中的角色都是一变再变，最后姚振华不得不表现出虚弱的一面，表示这段时间过得太累。

而许家印除了决定将手上所持有的万科股份的表决权委托给深铁外，还将所有的万科股权质押给中信证券，质押期为一年。作为万科的第三大股东，此举无疑在表明恒大已经不想再蹚这浑水了，恒大决定与万科管理层同舟共济。

如此看来，“宝能系”这个“野蛮人”真的落了下风。再加上华润将股权转让给深圳地铁的推波助澜，“宝能系”继续留在万科大股东位置上的可能性又小了许多。

2016年7月，万科首次彻底揭露了“宝能系”的九个资管计划利率区间为6.5%～7.2%，购入股票均价为每股18.89元。若是按照8个月的平均利率及存续期计算的话，平均股价约为每股19.83元。

尽管“宝能系”所持有的万科股票并没有彻底亏损，但考虑到其他一些因素，如杠杆资金成本与保监会的态度等，“宝能系”硬撑的时间应该不会太久。

作为一块让人垂涎欲滴的“唐僧肉”，万科一向是众人争夺的目标，但是作为具有一定规模的恒大与“宝能系”，在进攻万科之前，应该考虑得更加全面一些，而不是直接冲进来。

恒大退出万科股权之争意欲何为

2017年3月16日，恒大对外发布公告，宣称与深铁展开战略合作，届时，将由恒大董事局副主席及总裁夏海钧、深铁董事长林茂德、深圳市国资委领导等，共同就城市建设、轨道交通等方面开展深入探讨与协商。

当日，恒大又发布了一条公告，表示将手中所持有的约占万科总股本14.07%A股的表决权不可撤销地转让给深铁集团，期限为一年，并且还将上述股权质押给中信证券股份有限公司，期限也是一年。

据业内人士透露，恒大此举说明，它对万科股权之争已经做出了明确表态，至少是想借助这次机会协助深铁进入万科，而且不争夺股权，同时对深铁的管理能力充满信心，相信深铁能够管理好万科。

作为国有大型企业，深铁于2017年1月成功收购了万科15.31%的股份，成为万科第二大股东。再加上恒大此次的助攻，深铁可行使的万科股份表决权直接上升至29.38%。

深铁与万科管理层的关系向来较好，此前也多次表示完全支持万科现任管理层的工作，因此，恒大此举无异于公开支持深铁以及万科管理层。由此，万科管理团队的支持者迅速增加了许多，其合计持股比例已经达到37.71%，打败“宝能系”绰绰有余。不久，万科还发布了两份公告，明确表示深铁已经成为拥有表决权比例最高的股东。

有人认为，在万科董事会换届选举的这个关键时刻，恒大的态度直接影响了整个局势的发展脉络。对万科管理层的支持与维护显而易见，不仅迅速扭转了万科管理层所面临的劣势局面，还加快了万科股权之争迈向终点的步伐。

恒大与深铁的合作说明，恒大决定转变对万科的持股策略，或许与之前保监会的处罚有关，不过，尽管恒大愿意将手中的股权转让给深铁，但是在报价上会比较强硬一些，它希望以财务投资的身份赚取更多的收益。

据知情人士称，恒大之所以心甘情愿将股权转让给深铁，主要是为了深深房的重组。

2017 年 1 月 19 日，深深房 A 表示将与深投控以及对手方合作，开展重大资产重组的沟通与论证，而公司重组中的调查、审计、评估等相关工作正在有条不紊地进行。此前，深深房 A 拟以发行股份或支付现金的方式，购买恒大地产全部股权。一旦交易成功，由许家印控制的凯隆置业将成为该公司的实际控股股东。

据说，深圳市政府早就有意将深深房划入恒大麾下，条件是恒大必须退出万科股权之争，将持有的万科股份转让给深铁。虽然恒大答应得很干脆，但行为上却背道而驰，不惜斥重金频频增持万科。其实，恒大这种做法也可以理解，这算是“做两手准备”：一来，增加谈判的筹码，逼迫深圳市政府达成借壳交易；二来，万一借壳计划夭折，它也可以在万科股权之争中得到一些好处。

当深铁取代华润成为万科第二大股东时，在新一轮金融整顿中，恒大借助万科这个杠杆平台稀释高达 8000 多亿的总负债已经不可能了。与其成为众矢之的，不如退出万科股权之争，从而获得深圳市政府对于借壳深深房的大力支持。

深深房宣布收购恒大地产，表明恒大与深圳市政府已经达成了默契。这样一来，恒大将所持万科的14.07%股权转让给深铁，也就不足为奇了。这也预示着，在恒大的帮助下，深铁已经获得了万科更多的实际控制权。

从一开始公开表态“不谋求万科控制权”，再到将万科股票表决权委托给深铁，恒大斥资百亿买入万科股票的行为，从表面上看似乎毫无收益，但从深层次看，深谙资本之道的许家印又怎么会甘心做一个“跑龙套”的小角色？他只是隐藏着更深的资本逻辑罢了。随后的结果表明，恒大或许只是为了给重组深深房谋求更多的支持，才放弃了原本就不属于自己的东西。

PART 09

"联姻深铁"

曲线救国缘何遇阻？

2016年12月18日，万科对外发布公告，宣称终止与深圳地铁集团的重组，万科股权大战一夜之间似乎又回到了原点。业内人士分析，万科此番终止与深铁重组的举动虽然令人意外，但又在意料之中。

意外的是，无论在股权结构方面还是在业务层面，深铁都是万科最合适的伙伴。但与深铁的合作要用三个地块置换20%股权，所以引起了宝能与华润的强烈反对。股东大会召开前，如果万科与部分重要股东始终未能达成一致，那么股东大会将无法召开，因此，终止重组方案也是情有可原。

然而，一些微妙的变化正在发生，至少引进深铁当“白衣骑士”的需求不再那么迫切。由于“宝能系”受到监管部门的管制，以及华润、恒大的频繁表态，万科被恶意收购的可能性也小了很多。

不过，虽然万科终止了与深铁的重组，但未能阻挡二者更加密切的联系。很快，万科的大股东华润与恒大便将持有的万科股份悉数转让给了深铁，让深铁具备了与“野蛮人”抗衡的力量。在这样的布局下，万科最终一定会击退“宝能系”，让深铁坐上第一大股东之位。

万深联手：一桩一举多得的好买卖

2017年3月13日，万科对外发布公告，宣称与深铁签署了一份合作协议，内容大致是万科向深铁购买其下属公司的全部或部分股权。在双方签署正式交易合同时，深铁将注入部分优质地铁上盖物业项目的资产。这距离万科临时股东大会召开仅剩3天。

万科新发行股份的具体内容，将由双方根据相关协议和程序协商决定。此外，这次交易还需要获得双方董事会、股东大会以及政府主管部门的批准。至此，"万宝之争"的结果已经大致定型。

万科高级副总裁谭华杰在2017年3月14日的发布会上明确表示："在股权结构上，万科希望找到一个合理的方案，这有利于股东利益的提高，也有利于万科的战略发展，而且这个方案最好是多赢的。"从表面上看，这确实是多赢的牌面，并且对于深圳国资与深圳地铁而言，在"混合所有制"以及价格高位的条件下实现地铁物业的证券化，的确是一件再好不过的事。

值得一提的是，万科与深圳国资的渊源颇深。1986年，隶属于深圳市特区经济发展公司的深圳现代科教仪器展销中心，实行股份制改造后便更名为"万科"，由王石任董事长兼总经理；两年后，万科股改，以深圳市特区经济发展公司为代表的深圳国资退出产权所有人之列；2000 年，深圳市特区经济发展公司将所持有的万科股权全部转让给央企华润，从而让华润成功坐上万科第一大股东之位。

从此，万科在王石的领导下安然度过了几十年。尽管期间也有不速之客前来敲门，但都被一一阻挡在了门外。如今，万科因股权分散引来“野蛮人”宝能入侵，“万宝之争”从此掀起轩然大波。

为了寻找最合适的“庇护人”，万科在融入新股东时列出四大条件：实力雄厚、港交所上市、与政府关系密切、认同万科的管理层与文化。现在看来，除了第二条外，其他三条深铁都完全符合。

而万科与深铁更是关系匪浅。2014 年 12 月，万科与深圳地铁就红树湾地块的开发项目首次展开合作；2015 年 3 月，万科通过公开招标获得深圳地铁物业项目的开发权；2015 年 3 月，由深铁持股 51%、万科持股 49% 的深铁万科投资发展有限公司在深圳成立，公司的注册地址便是万科中心。

根据相关资料显示，深圳地铁的总资产为 2065 亿元，净资产是 1503 亿元，注册资本为 72. 13 亿元，资产负债率为 37. 65%，已形成建设、运营、物业开发等三个业务总部及其他相关附属业务的“1 + 3”战略模式，还专门设立了“轨道 + 物业”的运营形式。与万科合作，对深铁现金流的回流具有重大意义，而一直被认为缺乏市区地块的万科也由此获得了众多优质的土地资源。

万科在深圳市区拥有的土地并不多，虽然近年来提出了转型城市配套服务商的战略，但始终未见成效。傍上深铁这棵大树，无疑能帮助万科实现设定的目标，实现从住宅开发商向城市配套商转型。而对于万科管理层来说，与深圳国资及深圳地铁合作也有利于维持自己在万科的地位。

与深圳地铁结盟那天，万科还发布了2015年年报。根据年报所显示的内容，万科在2015年可谓是收获颇丰，由此看来，万科的事业合伙人制度成效卓著。而此次与深铁的合作，又为万科规划了一个更加美好的愿景——城市圈的发展将给轨道交通及其附属物业带来巨大的发展机遇。

正如2016年3月14日郁亮在一次发布会上所说："沿地铁轨道建造房产是非常好的项目，对城市的发展有重大帮助。毕竟在中国城市化发展过程中，轨道交通扮演着重要的角色。沿轨道盖房子也非常符合万科的定位，希望万科未来获得更多的发展机会。万科计划将以联合深铁为开端，在全国范围内复制更多的'轨道+物业'的经营模式。"

据了解，截至2016年3月14日，宝能总计持有万科24.26%的股份，而华润+万科管理层+刘元生的持股与"宝能系"旗鼓相当。一旦万科与深铁联手成功，"宝能系"定会处于劣势。所以，有了深圳地铁的加入，万科管理层必然稳操胜券。而且从定增完成后各方的持股比例上看，绝对控股的单一大股东根本不存在，这便给万科管理层预留了更多的翻身空间。

深铁给万科开了一剂什么药

2016年9月11日，随着恒大的介入，“万科股权之争”的另一大主角深铁逐渐淡出人们的视线，但在这起事件中，深铁尽管不是最大的主角，也绝对是其中的大赢家。深铁董事长林茂德表示，深铁已经为入股万科失败做好了准备，失败后，深铁将实施第二种方案——“借壳上市”。

对于深圳地铁介入“万宝之争”的原因，外界纷纷做出猜测，后来，林茂德在一场创新研讨会上才道破玄机。原来，深铁与万科有一项对赌协议，大致内容是：当深圳地铁成为万科大股东后，万科每年必须从每股中分1元给深铁。而且一旦入股万科方案失败，深铁将采取另一种方式继续入股。

倘若“每股支付1元”的说法成真，按照重组预案中万科向深铁发行的28.72亿股来计算，万科每年要向深铁支付28.72亿元，这可是一笔价值不菲的“约定”！

尽管万科就此事迅速做出回应，声称双方根本就没有“对赌协议”，但是万科的回应明显底气不足。万科与深铁的默契其实还在，至于“默契”表现在哪些方面，是击败“宝能系”，还是正式成为合作者？都不好胡乱猜测。可以确定的是，“对赌”一事并非无中生有，更不是深铁一厢情愿。

值得一提的是，自从深铁与万科签订战略合作协议，万科发布公告将引入深铁这个战略投资者，万科便备受外界争议。期间，华润、"宝能系"等大股东还针对此事与万科管理团队展开了激烈斗争。显然，深铁的加入让多方感受到了巨大的压力，所以其并不受欢迎。

那么为什么在这种微妙的情况下，深铁仍然要抛出"对赌协议"这颗炸弹，为本来就一团糟的万科股权之争雪上加霜？而深铁开给万科的到底是一剂怎样的药？这个药方能否让万科管理团队"起死回生"？

其实，深铁开给万科的这剂药，既非毒药也非良药，"对赌"这两个字，就足以让投资者内心堪忧，每年按每股 1 元来分红也不是小数目。就算万科实力强大，每年的效益过千亿，它也还是会承受巨大压力。更何况中国的房地产市场正处于转型期，利润不再像之前那样丰厚。

万科的管理团队在引进深铁时，答应深铁的任何条件都不过分，但是这样的条件在其他投资者看来，却有些超出红线，至少他们会觉得万科管理层这是置企业与股东的利益于不顾。

如果说华润做第一大股东，允许万科管理团队实行内部人控制时，万科的行为还不至于对投资者产生严重伤害的话，那么随着"宝能系"的加入，万科管理团队通过引进深铁来阻止"野蛮人"的收购行为，将会让众多投资者不仅不会对万科管理团队深表同情，还会质疑其做法的真实目的。

无论万科在引进深铁的公告中是否"隐瞒"了"对赌协议"，也不管万科的回应是否可信，仅仅是林茂德突然抛出来的这则消息就足以引人深思。这绝对不是一个普通的信号，对万科在市场上的形象将产生巨大的影响。更为重要的是，这则消息一旦放出去，对深铁进入万科也会制造更多的障碍。

在业内人士看来，林茂德此举或许出于两方面的考虑。

（1）深铁进入万科原本就困难重重，失败的概率非常大，尤其当成功概率几乎为零时，林茂德决定先发制人，迅速抛出某些细节为自己找个台阶下，并且在此过程中告诉外界，深铁无法顺利进入万科不是实力不够强大，而是迫不得已，不得不放弃。所以，深铁的能力还是非常强大的，进入万科也是有条件的，毕竟深铁不是万科的“小跟班”，不会为了万科而放弃自己的利益。

（2）即便深铁最后进入了万科，恐怕今后也需要承担更多的责任。与其到时候被打得措手不及，不如提前为以后需要承担的信息披露不完整、不准确做好铺垫。毕竟监管部门对信息披露的要求越来越高，查处力度也十分强硬，万一进入万科重组后，出现了信息披露不准确的问题，那是要负责任的。现在主动说出来，正是为了避免以后尴尬。假如事实就像万科所说，双方没有签订“对赌协议”，但也肯定有约定。只要合作成功，“对赌条款”必然会加入其中，到那个时候，仍然要承担相应的法律责任。毕竟“对赌条款”的影响实在太过强烈，对投资者的利益伤害非常大。

只不过，林茂德的一番话使万科管理层陷入了两头为难的境地，不仅加强了万科首次引入深铁计划失败的可能性，而且导致万科被外界批判。如此，万科管理团队陷入更深的泥潭，原来支持万科的投资者也开始左右摇摆。因此，深铁为万科开出的这剂药实在太过“揪心”。

揭开深铁入股万科的“四大谜团”

随着华润将万科股权全部转让给深铁，初期的重组对象摇身一变成为万科第二大股东，再加上恒大的暧昧表态，在这场旷日已久的股权争斗中，深铁可谓是最大的赢家。

作为与万科管理层一向交好的合作伙伴，深铁占据优势是否预示着万科管理层的最终获胜？其实，这个问题并不是人们关注的焦点，重点在于，在此期间，深铁身上还有四大未解之谜。

(1) 恒大是在主动让贤？

根据万科的公告，华润已将持有的占万科总股本15.31%的16.9亿股股份全部转让给深铁，转让总价371.71亿元，每股均价22元。虽然从表面上看深铁取代了华润在万科的位置，但是华润早已不是万科的第一大股东，也并非控股股东，因此华润退出并不会引起太大的浪潮。

在万科的“局势图”中，“宝能系”、深铁、恒大、安邦、万科事业合伙人的持股率分别为25.4%、15.31%、14.07%、6.18%和4.14%。可是除了“宝能系”与恒大外，其他几位与万科的关系都还不错。华润退出后，深铁与万科发表了自己的看法，恒大也做出了相应的表态，表示不再增持万科，也愿意将所持股权悉数转让给深铁。

如果恒大真的将股权转让给了深铁，那么深铁的合计持股率将达到 29. 38%，与万科公司章程所规定的 30%控股股东数额相差不远。也就是说，万科转了一圈，最后又回到深圳国资的身边。

有人说，这或许是恒大的“权宜之计”。据传，恒大觊觎国资房企深深房许久，但始终没有一个好机会。然而深圳市政府却突然表态，只要恒大退出万科股权之争，并将所持万科股份转给深铁，恒大就可以如愿以偿。虽然恒大答应得很干脆，但私下却频频增持万科。

2016 年 11 月，恒大通过特殊手段接盘万科 3. 99%股份。此事已被监管部门盯上，而且此前，恒大也曾因投资股票“买而不举”的行为被保监会约束过。

事实上，恒大所持有的万科股份只有到 2017 年 5 月底才能解除限售，短期内并不能做出交易安排。然而在 2017 年 3 月 16 日，恒大却与深铁签订协议，将所持有的万科 15. 53 亿股 A 股的各项权利，委托给深铁全权行使，期限为一年。自此，深铁成为拥有万科表决权比例最高的股东。恒大此举意义深远，或许确实有主动让贤的意思。

（2）“宝能系”想要及时收手？

一度与“宝能系”展开合作的华润，在万科董事会上反对深铁资产交易方案，并声明，即便董事会通过了深铁交易方案，在接下来的股东大会上，它也会继续投反对票。“宝能系”随即也宣布与华润持有一样的态度，还抛出“罢免提案”，提议股东大会罢免万科全体董事会及监事会成员，好在包括华润在内的万科董事会成员都反对召开股东大会。

但是在随后的年度股东大会上，“宝能系”与华润的行为却表现出高度的一致性，除分红方案外，万科董事会与监事会年度报告等方案均被其投票否决，以至于连相关部门都怀疑它们存在一致行动人行为。之后，万科还向监管部门举报“宝能系”存在违法行为，由此引发了一场“监管风暴”。

自2016年12月3日起，监管部门便连续发声，宣称全面整治保险行业。“宝能系”旗下的前海人寿首当其冲，不但占据80%的万能险新业务被暂停，而且3个月内不得申报新产品。此外，保监会还派遣人员进驻前海人寿，检查其治理和财务问题。

无奈之下，“宝能系”的态度有了巨大转变，不仅表示欢迎深铁入股万科，还说自己要当“财务投资者”，全力支持万科管理层的工作。当然，这也不能说明“宝能系”就退出了万科股权之争，毕竟作为具备一年锁定期的万科第一大股东，“宝能系”仍享有各种权利。

从“宝能系”的持股比例上看，其账面浮盈接近120亿元。若从财务投资者的角度看，“宝能系”获利匪浅，但若真要变现，如此巨大的减持量一定会引起万科股价的大波动。华润与恒大都将万科股悉数转给了深铁，那么宝能会不会也照葫芦画瓢?

2017年2月24日，保监会做出对前海人寿罚款80万元、撤销姚振华任职资格并禁入保险业10年的“顶格处罚”。或许直到这一刻，“野蛮人”姚振华才后悔没有像华润与恒大那样及时“收手”。

(3)如何接手万科股权?

华润的退出对于恒大与“宝能系”而言，无非就是一个选择题——退或者不退。但对于深铁，却是一个解答题。深铁要解决的首要难题就是，倘若恒大与宝能都退出了，自己该如何接手?

万科的股权结构已经发生改变:“宝能系”持股25.4%，位列第一;深铁第二;恒大第三。若恒大将所持股份转给深铁，那么深铁合计持股将达 29.38%，接近万科 30%的控股股东条件；若宝能也将股权转让给深铁，深铁的合计持股将达到 54.78%，是绝对的控股股东。

到那个时候，万科将纳入深圳国资体系，接受深圳国资委的监管，而万科管理层又将失去多少自由？虽然深铁明确表示看好万科优秀的管理团队和发展经验，入股万科更有利于双方在发挥优势的同时形成更加稳固的模式。但是这种支持态度又能维持到几时？

深铁还称，与万科合作可有效发挥地铁轨道与住宅相结合的优势，实现经营业务的互补，共同推进“轨道＋物业”的发展策略，提升城市配套服务水平，促进城市经济发展。这就又引出了第二个难题：怎样实现“战略协同”？

2015 年 3 月，万科与深铁就有过“轨道＋物业”的合作。当时，深铁与万科组建了深圳地铁万科投资发展有限公司，主要负责红树湾物业开发项目，其中，深铁与万科分别持股 51%和 49%。只要深铁成为万科的控股股东，这类合作就会带来“关联交易”的问题。

除与万科合作外，在“轨道＋物业”模式中，深铁还与深振业有过类似的合作，那么，成为万科股东后，这类合作是否存在排他性？于是，另一个问题也浮出水面：深铁利用地铁上盖物业反哺轨道交通建设，从而组建物业开发部门，承担相关工作的建设，如果成为万科控股股东，深铁物业是否会与万科产生“同业竞争”？

（4）深铁的资金从哪儿来？

深铁要想成为万科的控股股东，关键还是资金问题。那么，深铁的资金从哪里来？在此前的万科拟增发方案中，深铁通过注入资产获得万科股权。具体表现为，万科以 28.72 亿股 A 股股份换取深铁手上的前海国际全部股权。

前海国际的核心业务是待开发的深圳核心区域的前海枢纽项目和安托山项目土地，总面积约为181.1万平方米。至此，深铁便持有万科20.65%的股份，由于其他股东的股权被稀释，所以深铁将成为万科的第一大股东。也就是说，深铁原本是想用“两块地”换取万科第一大股东的位置。但这一办法却遭到其他股东的反对，此计划由此被搁置。

可是华润与深铁的股权转让交易高达371.7亿元，这需要用真金白银兑现，那么，深铁能否负担得起？

根据深铁2015年的年报，截至2015年12月31日，深铁的负债总额达到901.2亿元，资产负债率为37.49%，其中，流动负债与非流动负债分别为219.05亿元和682.15亿元。2015年，深铁采用各种方法共筹集资金858.98亿元，另有政府财政支持736.65亿元，但是这些资金却都是“专项专用”。而依据深铁2016年三季报表，截至2016年9月末，深铁只有247.85亿元账面资金。

华润与深铁仅公布了交易对价与方式，至于深铁将以何种方式支付371.7亿元，并没有明说。不只是这371.7亿，深铁获得恒大转让万科股份的金额也不小，对此深铁又拿什么来支付？

有人说，深铁毕竟是国企，即便实力再弱，背后还有政府支撑。更何况万科这块“唐僧肉”不知道有多少人紧盯着不放，只要能争取到，还怕没有利益可赚？因此无论前期需要投入多少资金，都会有人站出来助深铁一臂之力。

深铁接盘万科是另一种“混改”

2017年1月12日，万科宣布华润将股权全部转让给深铁，这可谓是万科在这场股权之争中亮出的最大底牌，同时也意味着持续数年的万科控股权之争终将谢幕。

经历过这次股权之争，万科早已今非昔比。在这场股权之争爆发前，万科被公认为行业内的标杆企业。王石也一直以股权分散为傲，钟爱大股东“不加干涉”的治理模式。分散的股权、放任不管的第一大股东，使万科管理层拥有绝对的控制权，并使其经营理念完全贯穿于企业中。然而，高度分散的股权结构虽然在“君万之争”中未被击碎，但让万科管理层产生了错觉，认为万科就是他们自己的。

这也是“宝能系”前来敲门时，王石表示“不欢迎”的原因。毕竟“宝能系”作为“野蛮人”，对万科肯定有威胁。对万科管理层而言，万科的文化不能被破坏。可是在外界看来，万科的文化其实就是万科管理层在股权高度分散的情况下实现对公司的绝对控制，而宝能的增持破坏了这种局面。

最终，万科管理层又一次成功阻止了“野蛮人”的入侵，但万科不可能回到从前。华润做万科第一大股东时，几乎没行使过什么权利，在这样的前提下，深铁绝对不可能再度放任万科管理层完全控制企业。更何况相较于华润，深铁更加野心勃勃，它急需一个上市公司作为平台实现自身的资本运作，因此，深铁绝不会放弃自身的话语权。

不过，深铁主控万科，对其他股东来说未必不是一件好事。上市公司治理本应该是股东大会、董事会、管理层三方合作的过程，任何一方的缺失，对企业的发展都会不利。相对于此前因股权分散及董事会掌控在管理层手中缺少制衡所带来的恶果，至少在 2017 年 3 月的万科董事会改选后，各方的利益点会达到最大的平衡。

也有人认为，深铁接盘万科是另一种"混改"。

其实，这场股权大战最终获得了大多数人的肯定，华润退出深铁接盘，万科股权之争得到"完美"解决，为什么说"完美"？因为这对于各方都有利。

每股 22 元的交易价格不仅高出以往的均价，也远高于此前拟向深铁增发的增发价。在万科的大股东中，只有恒大的持股成本高于 22 元，不过它已经将股权转给了深铁，而"宝能系"和安邦等都稳赚不亏。这在一定程度上稳定了万科的股价，使其不会再出现别的动荡。否则，"宝能系"就真的亏大了，甚至会面临险资风暴。其实，最出人意料的一件事情，应该是央企华润"拯救"了"宝能系"，因为华润及时将股权转让给了深铁，缩短了这场股权大战的时间。

对于万科管理层而言，深铁代替华润的位置成为万科第二大股东并非坏事，毕竟深铁背后的大BOSS深圳市政府对万科管理层一直都是竭力支持的。王石甚至在一次会议上毫不掩饰地说:"万科最明智的选择就是'傍大款'，谁是大款？就是大型国企。在中国的政策下，国企才是老大哥。不与它们合作，那还能与谁合作呢？"成功"傍上大款"的万科终于笑到了最后，而真正的原因是顺应了中国经济政策的大方向，站对了风向口。

因此，在大政方针的指引以及主管部门的主导下，恒大将股权转让给深铁，这是把股权协议转让给“更加合适”的股东，而“宝能系”也表示只做万科的“财务投资者”。

或许最后，“宝能系”也会将万科股权悉数转让给深圳国资，到那个时候，万科将正式由央企控股转变为地方国资。也许，这就是一些人所认为的另一种意义上的“混改”吧！

"土豪"深铁从哪儿来钱收购万科

在万科股权大战即将收官之际，深铁挺身而出，接盘华润手上的全部万科股权，但是具体怎样支付这371.7亿元人民币却不为人知。

在收到相关部门正式的批准文书后，深铁将全面取代华润成为万科第二大股东，之后，恒大也准备将万科股权悉数转让给深铁。如此，万科利用深铁来对付"宝能系"这招可谓是最明智的选择。如果不久后，"宝能系"也将手中的万科股份全部转让给深铁，那么总价值约为600亿元人民币的收购资金又该如何支付?更何况，"宝能系"+华润+恒大所持股票的全部价值约为1400亿元人民币，对此深铁又该拿什么偿还?

从深铁的财务报表上可以发现，它的实力虽然不弱，但要拿出1400亿的筹码还真是个难题。不过，从某种程度上说，宝能手上的万科股权还能让深铁大赚上百亿。深铁的财务状况大致是：总资产2400亿左右，流动资产不超过900亿。可见，全面接盘华润、"宝能系"及恒大的筹码，对于深铁而言都有压力。

然而深铁的募资手段，除深圳市政府的支持外，主要还有发行债券等。但政府的财政拨款始终是主要来源，一度高达700多亿元，而同期的市场化融资措施仅是67亿元。可见，深铁的市场化融资力量非常弱，若是失去杠杆的力量，出资收购万科股权又怎会如愿以偿?

在深铁2400亿元总资产中，大多数都是土地而非货币，资金来源于深圳市政府，市场化募资渠道甚至可以忽略不计。可以肯定的是，深铁绝对做不到像“宝能系”那样，利用50倍高杠杆借贷措施募集巨额资金。作为地方部门的深圳市政府以每股22元的高价从国资委手里接盘明显高于当日市场价，不过，高价买股是否可靠，却是一个备受争议的问题。

一旦全面实行接盘计划，深铁所承受的资金压力将不容小觑。作为一家无保险业务的公司，深铁缺乏市场化低成本的资金来源。那么，源于财政的市政建设资金，又如何会变成企业收购资金？原因或许有以下三个方面：

（1）手上钱不少。以深铁的实力，支付371.7亿人民币给华润还是可以做到的，但是怎样支付、何时付款却是一个问题，到底是打借条还是“以物换物”，谁都不清楚。

（2）价格并不贵。虽然万科股价已经达到每股22元，但是这个价格却很公道。不过为了完成交易，万科股价的大跌对兼并重组非常有利。如果此时不收购万科股权，等到其他人抢占先机或者股票价格再度波动时，就会失去绝佳的收购机会。

（3）获益很明显。事实上，深铁接盘万科并非勉强之举，至少成为万科第一大股东好处多多。且不说它的名气会带动深铁的发展，每年得到的股权分红也相当可观。相关资料显示，深铁已经形成建设、运营、物业开发等“1+3”战略模式，还专设了“轨道+物业”的运营形式，与万科合作对其现金回流以及业务的开展，具有非常重要的意义。

不管深铁的资金来源于何处，也无论最后的交付方式如何，至少深铁的出现及时缩短了这场股权大战的时间。因此，对于具有强大背景的深铁而言，资金不是问题，怎样做好万科第一大股东才是最重要的目标。

PART 10

助攻底牌

黑石注资如何达到目的

由于匿名信的曝光，万科与黑石集团的交易一夜之间人尽皆知。尽管万科方面立即否认，但是不久又承认确有其事。在这笔高达 130 亿元人民币的交易背后，到底隐藏着怎样的秘密？万科又为何会选择这个以并购业务起家的企业？关键问题是，万科这笔巨资从何而来？为何在所发布的公告中，万科称自己仅需要出资 35 亿元，而另外 95 亿元由招行以及“绿景中国”支付？

有人说，万科管理层的这一行为可能是为了“保护自己在万科的控制权”，通过收购一个新的平台，万科管理层即便被辞退，也能继续控制万科。但这种说法随即被万科管理层全盘否定，他们表示，此次交易只是为了开展新业务。那么，万科管理层这一说法的可信度又有多高呢？万科此次收购黑石旗下的印力集团，到底是不是万科管理团队“B 计划”？而万科是否还有“C 计划”“D 计划”？

万科收购黑石或是“借尸还魂”

2016年7月9日，香港一家媒体曝光了一封“告密信”，称有匿名人士向有关部门告发万科与黑石集团正在秘密进行一笔超过百亿元的交易。据信件显示：“一些公司（暗指万科）的管理团队正在利用一种特殊的方法，使自己即便被踢出局，也能够继续维持运作。”该信件还认为，万科收购黑石资产的130亿元资金，或许来自黑石买入的6%的万科股权，目的是增强万科管理层对企业的控制权。

不过，此事随后得到了万科管理层的强烈否认。他们表示：“万科与黑石在此之前根本就没有业务上的往来，我们最先听到黑石这个公司名字，还是在准备引入深铁的时候。不过后来才知道，在万科的董事会中确实有一位独立董事在黑石担有职务，但是他在万科并不接触实质性的工作。目前，我们也的确正在与黑石洽谈一些有关土地买卖的交易业务，但黑石不会在深铁交易里投票。”

然而，事情的发展却出人预料。2016年7月12日，万科突然对外发布公告表示，为提高自身实力，从2016年1月开始，万科已与黑石开展了价值128.70亿元的地产方面的业务，公司已成立有限合伙制基金，联合收购平台获取目标公司96.55%股权，此方案已于2016年6月21日获得万科董事会的批准。

尽管万科的这一行为有打脸的意思，但也印证了“告密信”的真实性。

首先，公告称：“目标公司（暗指黑石集团）96. 55%的股权价值约为人民币 128. 70 亿元，并且万科拟投 38. 89 亿元给联合收购平台。”

其次，“告密信”中还提到，万科计划运用 130 亿元收购黑石在内地的资产，其中，5 亿元由万科自己承担，约 90 亿元来自招商银行的借贷，另外 5 亿元或许由另一名股东全部负担。因此可以看出，“告密信”所揭露的信息与万科公告上的数字大致相同。

虽然内容大同小异，但是对于“告密信”就万科管理层收购意图的揭露，万科公告却竭力否认：“本次交易并不是为了对抗第三方，我们也未就有关发行或收购本公司股份方面的问题进行商谈。”

倘若“告密信”属实，那么即便万科管理层最后被踢出万科，他们依然能够通过收购黑石资产来“借尸还魂”，那时，他们控制万科的能力不会削弱多少。尽管在 2016 年 7 月 12 日，万科发布公告否认了“告密信”中“借助外援买入重要股权自救”的行为，但这不得不令人怀疑。至少在大多数人看来，万科收购黑石资产的做法就是“借尸还魂”。

此前，万科内部的确有某位董事因为与黑石存在特殊关系而回避投票，但若非“告密信”的暴露，万科与黑石的隐秘交易也许很长一段时间内都不会为人所知。而万科先否认后承认的态度，让人对其后续说法不太信任，毕竟万科与黑石已经可谓是“老相识”了。

2015 年 6 月，万科撤销物流地产事业部，成立万科物流地产发展有限公司，美国黑石集团是其股东。业界当时对于此次合作的猜测是，万科为了迅速抢占市场，通过捆绑上市的形式另谋出路。之前就有合作，再加上黑石基金是万科物流地产的战略投资者，那么黑石“套现”后再收购万科股份的概率有多大就不能猜测了。

PART 10

助攻底牌

黑石注资如何达到目的

黑石在国内的地产资产战略或许会有变更，因为该集团在中国实施的房地产战略经历了各种风险。在2011年以前，黑石便开始布局中国市场。2011年，黑石将自己在上海Channel one购物中心95%的股权，转让给了新世界发展有限公司，交易价格为14. 6亿元人民币。此举迅速打开了黑石在中国房地产行业的大门。

2013年12月前后，黑石再次进军中国房地产市场。比如11月至12月，黑石分别以4亿美元和1. 28亿美元的价格，收购了深国投商用置业40%股权以及方兴地产的子公司进景公司49%的股份；2014年1月，以3. 22亿美元的价格，收购了香港泰升集团71%的股权。因此，若是万科给出的条件足够诱惑，那么黑石参与进来的可能性肯定不小。

另外，从万科管理层的角度上看，在“野蛮人”的强势逼迫下，他们绝对不可能束手就擒。收购黑石资产进而引进强援，或许是个不错的办法。从时间上看，万科“自2016年1月起与黑石展开洽谈”，这正好是万科停牌后不久。在“宝能系”疯狂入侵、万科停牌这个时间点进行这桩大交易，怎么可能只是时间上的巧合？

2015年12月，有消息称万科管理层曾密筹资金对“宝能系”进行反扑，但最终不了了之。所以说，当时的万科管理层就已经计划出了许多方案，而与黑石的合作正好出现在那段时间，这肯定不是巧合，或许只是万科众多方案中的一个。因此，万科管理层说的这只不过是一次再普通不过的收购行为，确实很难令人相信。

如此看来，万科与黑石的合作交易应该不是终点。根据万科宫斗大戏发展的脉络，黑石套现之后买入万科关键股权的可能性极大，这或许正是万科管理层最想看到的结果。当然，这一切还只是猜测罢了，只有事实才能证明谁没有信口开河。但是可以肯定的是，万科与黑石的交易绝不只是单纯的合作，“借尸还魂”的概率还是极高的。

万科B计划：近130亿元的收购真相

2016年8月21日，万科发布了一份公告，称将实行一笔近130亿元的收购计划，收购对象为黑石旗下的印力集团。尽管在此之前，万科已经公开了即将引入深铁的重组方案，但是在宝能与华润两大股东的联合反对下，该计划很难实施下去。

当日，万科同时在深交所和港交所公开了2016年上半年业绩报告，还发布了收购黑石集团名下印力集团的公告。公告宣称，万科将通过基金机构，以128.7亿元的价格，收购黑石集团名下印力集团96.55%的股权。

万科这个基金机构已于2016年7月15日成立，成员包括持有万科50%权益的有限投资人II、持有40%权益的普通投资人以及子公司Vanke SPV全资持有的有限投资人I。万科依据相关协议，拟出资38.89亿元人民币，收购计划具体由投资基金全资子公司Vanke Rainbow实施。

拿出近130亿元资金收购印力集团，对于万科而言并不是问题。万科的财务报表显示，其持有的货币资金早已过千亿。但是，拥有较高现金储备的万科却在此次收购中选择了银行贷款。收购公告表明，万科为此向中国招商银行贷了90亿元人民币，而万科自己仅出资38.89亿元人民币，便得到了62.07%的合资基金的权益。

但外界更加关心的是，万科为何要花费巨资收购黑石的印力集团？

有人认为，万科收购印力就是为了搭建一个新平台，为自己接下来的转型之路做铺垫。万科内部一名负责人在一次会议上明确表示，为了打造一个更好的商业服务运营平台，万科已经竭尽全力在力求转型，而收购印力集团正是为此铺路。

然而，万科收购印力计划一经披露，外界就纷纷猜测这是万科管理层为阻击宝能而施行的“B计划”。因为在此之前，曾有人向港交所邮寄举报信，称万科管理层正在谋求收购黑石集团的印力集团和MWREF公司，以维护自身的控制权，收购价约为130亿元，其中90亿来自银行贷款，只有35亿元出自万科，剩余5亿元则由一个股东代付。

此封举报信所揭露的信息，与2016年8月21日万科发布的公告内容高度吻合。因此，外界有足够的理由相信，万科的某些管理高层正在谋求一个新平台，以使自己即便被辞退，也能继续控制。更有人认为，黑石将通过转让印力股权的资金来收购万科股份，以巩固万科管理层在这场股权大战中的分量。不过，此种说法被万科管理层全盘否认。

其实，黑石旗下的这个印力集团身份并不简单。相关资料显示，印力集团是在深国投商用置业有限公司（以下简称“深国投商置”）的基础上建立起来的，而深国投商置曾是深圳国资企业深圳国际信托投资有限公司（如今的华润深国投）的直属单位。

不过，印力集团的发展，也离不开零售业老大沃尔玛的协助。1995年，深国投与沃尔玛首次展开合作，7年后深国投商置为沃尔玛在国内建设购物广场。凭借着与沃尔玛的合作，在短短的 3 年内，深国投商置便拿下 60 多个项目。直到现在，更名为印力集团的深国投商置仍与沃尔玛保持着紧密联系。据媒体披露，沃尔玛中国总部就在深国投广场的写字楼内。此外，在广东省惠州市新一城市中心核心地段，还有两层沃尔玛超市。尽管这个商场的规模并不算太大，但因为地处繁华地段，生意一直很好。除此之外，珠三角、长三角等地还分布着多个由印力集团开发的商场，里面都有沃尔玛超市的影子。

事实上，首个掌控印力集团股权的企业，正是此次万科股权之争中的另一位主角华润。2006 年，华润以 17. 4 亿元的收购价格获得了印力集团的股权，3 年后，更是得到印力集团 3 个董事席位，成为名副其实的大股东。2012 年，华润又以 9. 56 亿元的价格，将持有的 50% 的印力集团股权全部转让给了深圳市龙柏宏易资本集团旗下的龙柏商置基金。当时的出让价格低于 20 亿元，华润可谓是亏本大甩卖。

根据印力集团 2014 年年度报表，截至当年年底，公司共洽谈成功 60 多个项目，其中，2014 年完成了 9 个，合计物业总值达到 1000 多亿元人民币。

业内人士分析，华润之所以低价卖掉印力集团的股份，也许是为了投资组合多元化。毕竟华润旗下拥有众多资产，如华润城、华润万家等同属商业地产的印力集团，实在没有多大利用价值。

2013 年 11 月，黑石购入印力集团 40% 的股权，成为印力当仁不让的第一大股东。从印力集团的商业模式上看，它并没有多么出彩的地方，因此万科才能不费吹灰之力便拿下它。更为重要的是，这还有利于黑石资产变现，也有利于后续的投资。至于黑石之后会不会投资持股万科，这已经不是大家所关心的问题了，因为万科股权之争已经落下帷幕，而黑石集团并非主要助攻。

万科与黑石的隐秘关系

2016年7月8日，万科与黑石集团的秘密交易被曝光。万科称，与黑石的交易计划已经通过了董事会审议，但是如此重大的投资项目仅由董事会审议就可以了吗？这是否验证了万科管理层所说的“在我们眼里，股东并没有那么重要，很多时候，我们完全可以绕开他们实施工作”这句话？即便董事会那里没问题了，但万科在很长一段时间之后才在港交所发布公告，并且在此之前还竭力否认，那么，如果不是那封举报信，这件事是否会被一直隐瞒下去？

万科在公告上说：“我们将拿出128. 7亿元人民币购买目标公司价值96. 55%的股权，其中，万科单独出资额为38. 89亿元人民币。”那么，到底什么是128. 7亿元的“价值”？在未详细公布具体评估过程的情况下，这个“估价”合不合理？难怪有人会说，“要提防万科低价出售资源、高价购买资产”。而且在这128. 7亿元评估价值中，万科仅出资38. 89亿元，剩余资金的具体出资方也未在公告中提及，这就有些说不过去了。

“联合收购平台的合作方不属于关联人”这条公告似乎有欲盖弥彰之嫌，万科只是一味地强调合作方并非关联人，却并未公布合作方到底是何方神圣。据举报信透露，合作方应该是万科持有6%股权的绿景中国，绿景中国绝对属于万科关联人的范畴。

作为投机主义倡导者的美国黑石集团，向来以赚取差价为准绳。万科失去了国企华润的扶持，暂时又没靠上深铁这棵大树，那么这个“洋伙伴”就真能靠得住吗？黑石又是否会像举报信说的那样，用来自万科的钱返购万科的股票，以帮助万科管理层巩固后路？又或者，万科首先买入黑石资产，管理层被踢出局后，再跳槽到持有96.55%股份的黑石，掏空“旧万科”，继而建设一个“新万科”？

在此次交易前，万科与黑石就真的互不相识？二者短暂的交集仅限于万科独董张利平刚好是黑石中华区主席？

其实，万科与黑石的缘分开始于2014年。当时，黑石一把手苏世民准备进击中国的工业与商业地产，同时，万科高管谭华杰积极做出回应，表示希望黑石考虑与万科合作。这又让人联想到万科在公告中说的“此次交易金额不涉及本公司的发行证券”，倘若黑石果真运用万科资金回买万科股权，那确实不会触及到发行证券的问题，这也的确像是万科现任管理层的做事风格。

2015年，万科与黑石正式开始业务往来，共同成立了万科物流公司。如此看来，黑石不仅是万科的“目标公司”，更是万科的“好伙伴”！

万科拿出近130亿元收购黑石集团资产的行为，表面上看再正常不过，但是在股权大战竞争激烈的当口儿，黑石用这笔交易资金扫货万科H股的持股比例将达到7%，这样一来，黑石在万科董事会中将获得一个席位。如此，万科管理层就又多了一个同盟，多了一个打败“宝能系”的筹码。

整合印力：万科良策构建独立商业平台

2017 年 2 月 16 日，万科宣称，黑石旗下的印力集团董事长丁力业将接替万科元勋丁长峰之职，做万科新商业项目的总负责人。替职仪式完成后，印力将成为万科商业的新平台，或许还是唯一的。

在此之前，万科的商业项目多是以配套形式出现，缺乏管控上的整合力，而此次行为似乎预示着，万科将借助印力的力量打造一个新的商业帝国。据说，万科商业发展部的工作人员都并入了冰雪事业部、事业发展部和印力商置，各个下属单位的商用资产部门也在加速调整。

在股权形势逐渐明朗化的当口儿，万科再次抛出"万亿市值"的计划，此计划还涵盖了传统地产业务与创新业务，其中，物流、物业、教育等业务都有望独立上市。从这个角度来分析，万科联合印力或许只是激发商业地产资本化的开始。

接替丁长峰之职的丁力业可不是简单的人物，正是他首次将全球最大零售业沃尔玛引入中国，而与凯德、西蒙、黑石等外资企业的合作，又使他成为商业地产界视野最开阔的人。

2003 年 4 月，丁力业创办印力集团前身深国投商置，成为国内最先与沃尔玛"勾搭"的企业。据悉，沃尔玛在国内的首家门店便是由深国投商置建设的，而丁力业便是主要负责人。

后来，深国投商置的第一大股东几度更换，先后由华润、龙柏商置和黑石集团担任。2013 年 11 月，黑石集团购入深国投 40% 的股权，成为深国投名副其实的第一大股东。2015 年 2 月，深国投商置改名为印力集团，并谋划在香港上市。

其实，印力的大发展应该要感谢黑石的入股。2014 年，印力在黑石基金的帮助下，接连并购了位于南京、天津、武汉、长沙等城市的 9 大商业项目，共获得 79 万平方米的商业用地，市值达到 60 多亿元人民币，迅速形成了以“印象城”为主的购物中心品牌。

提及万科收购印力的原因，万科内部人员透露，印力是排在全国第三位的商业管理集团，不仅资产优良，而且还都集中在二三线城市。此外，印力还拥有较为成熟的商业开发与经营管理经验及众多优质客户源。万科的商业项目比较分散，且单个项目难成气候，所以万科或许会将所有的商业项目都逐渐注入印力。

对万科来说，收购印力可以为自己涣散的商业地产项目提供更大的发展空间，到时候，万科商业将拥有全新的平台。不过结果如何，还要看双方的整合过程，并且也免不了要重新选择和评估。目前，万科商业与印力已经在项目、人员、财务、管理机制等方面进行了整合，具体完成时间取决于发展的进程。万科商业缺乏专业的人才，因此，印力的团队也是万科十分看好的目标。更为重要的是，收购印力后，万科的商业大门将全面打开。

万科在商业地产上的定位其实就是轻资产。从 2014 年年初到年末，万科一直在打造自己的商业化平台。年初，万科与 4 家基金构建了十多个商业项目的资本化平台，完成了商业地产的退出体制；年中时，又与美国私募大鳄凯雷一起组建资产平台公司，还成立了一家负责境内商业物业招租与运营的商贸运营管理公司；年底，将首个都市型购物中心金隅万科广场转让给了投资银行麦格理，联合资产管理公司东方藏山，打造国内首只社区商业基金，吸纳了隶属万科的 5 家社区商业物业。

万科原商业总负责人丁长峰的一项重要工作，就是将万科商业地产金融化或上市。这与印力的想法完全一致。早在华润控股时期，华润就曾运用其海外融资渠道发行了价值 8 亿美金的深国投商置的首只房地产基金——华润商业地产基金。

印力还曾想引进传统信托、股权合作、私募基金等轻资产，寻求国际资本协作，以小资本撼动大项目。印力的运营模式并不复杂，投资、开发、运营都亲自上阵。商业模式不薄弱，战略也很有规划。印力还建立了一套完整的投资模式，通过现金流评估商业地产的各种风险，以满足国际资本的需求。其商场出租率高达 98%，利润复合年增长率也有 34%。

实际上，商业地产从来都不是万科的主营业务。2010 年万科才开始探索这一领域，2013 年 1 月，万科正式在北京建立商用地产管理部，并确立了首个商贸业务金隅万科广场，后来改名为“悦荟万科广场”。2014 年，万科正式提出“城市配套服务商”策略，商业地产成为必须涉及的行业。

那么，万科商业这些年到底做得怎么样呢？

截至 2016 年 12 月，万科在全国 29 个城市共开展了 84 个商业项目，总面积达 600 多万平方米。其中，社区商业面积和购物中心面积分别为 471 万平方米、115 万平方米，这还不包括酒店、办公、服务型公寓等。

从规模上看，万科商业持有的物业面积有待扩展。虽然与同行业相比很不错，但与高度标准化的住宅项目比较起来，万科的商业业务还需形成较大的品牌效应。从产品线上看，万科在广州、深圳、北京、上海等城市都推出了多个产品线，但其中一些并未在其他区域被成功复制。

其实，万科的住宅专业化特色不会改变，进军商业地产只不过是为了巩固住宅业。万科商业的短期目标应该是维护住宅品牌的客户，中期目标是获取稳定的租金收益，长期目标必定是诱人的经济效益。

有人认为，万科做商业是转型“城市配套服务商”的基点，亦是万科未来的多元化尝试。2015 年 5 月，万科首次抛出万亿市值设想，之后又确立了五大创新项目，目的是让万科拥有众多上市子公司，成为当之无愧的控股老大。但是五大新业务只有物业、公寓、物流、教育和海外业务，并未涉及商业地产。

2010 年，万科在北京、上海、深圳试点成立了商业地产筹备小组，以便总结运行经验。在管理模式上，万科采用的是成立商用地产管理部，在与总部时刻保持联系的基础上，与项目所在地的一线公司密切合作。同时，万科分布在各大城市的公司都成立了商业地产管理部等机构。这么做的目的是，先将商场做起来，然后挑选成功案例做参考，进行下一步资产与管理模式的整合。可万万没想到，此后三年，商业地产业务增长迅速，整合难度因此提高了数百倍。

万科的商业板块是独立发展起来的，商业经营并无统一模式，不同地区的公司运作也很难被复制。正因为公司商业发展部缺乏决策权且决策不明朗，所以大多数子公司并不支持，商业发展部的工作也很难展开。因此，相较于物流、养老、长租公寓地产方面的运作，万科在商业地产领域的整合还需要多费精力。

自从 2016 年 8 月 21 日万科在港交所发布了收购印力集团的公告，其商业地产宏图大业也到了正式运行的阶段。由此可见，万科整合印力集团或许还真是明智之举。

万黑交易背后的两大神秘合伙人

2016年8月21日，万科在港交所高调宣布，将以128.7亿元人民币的高价，在旗下全资子公司Vanke Rainbow的运作下，收购“黑石系”印力集团96.55%的股权。其中，万科单个出资额为38.89亿元，招商银行贷款额为82.2亿元，另外7亿多元，则由两个神秘股东共同出资。然而人们却发现，最终的经营控制权并不属于万科，而属于那两个神秘的合伙人股东，难怪万科会在公告中将收购基金的权益说成是合营公司而并非附属企业。

那么，这两个神秘合伙人与万科管理层有怎样的关系？这难道是万科管理层为自己寻找的一条退路？

据业内人士分析称，交易中的两大神秘合伙人股东或许已经被万科管理层控制。为达到收购印力集团的目的，万科还专门设立了相应的SPV机制。万科公告显示，在间接全资附属公司Vanke SPV的协助下，万科分别拥有了全资附属企业有限合伙人I、持有一半权益的有限投资人II以及持有40%权益的普通盟友。这三方于2016年7月15日与印力集团订立协议，成立了投资基金平台。

根据协议内容显示，在收购印力资产而设置的投资基金中，万科与招商银行作为有限合伙人共持有九成股权，普通合伙人作为实际经营控制人则持有一成股权。而万科公告上说，普通合伙人有专属的管理与经营权，是独立的第三方。此投资基金不属于万科管辖，只是万科的合营企业，不是下属企业。因此，在整个基金里，普通合伙人才是真正的管理者，万科和招行出钱再多、股权再大，也没有拥有实际控制权的普通合伙人重要，但那拥有10%股权的股东却始终难见真面目。

在普通合伙人成分中，万科占股为40%，而普通合伙人股东I和II合计持股60%，是绝对的大BOSS，但这份公告也隐藏了普通合伙人股东的真实身份。倘若万科管理层真的为自己想好了出路，那么这两个所谓的“神秘大老板”应该就是由他们控制的。

从万科所发布的公告上看，万科只需要支付38.89亿元，另外的90亿元大多是从招商银行贷款而来。但这90亿的投资到底属于何种性质？又是通过哪种渠道融入进来的？

公告的内容有些含糊不清，只是提到万科与招商银行就有关投资总额达90亿元的投资项目达成了协议，并且当有限投资人II及Vanke Rainbow Purchaser未能履行相关支付义务时，万科及Vanke Rainbow Holding Limited将提供相应的帮助。

从公告上可以发现，招行贷款的融入渠道有两个，一是通过信托成为合伙人II的有限合伙人，二是为合伙人II的另一些有限合伙人提供借款业务。那么，另外的有限合伙人的实际控制人又是何方神圣？是万科管理层还是“无名之徒”？他们又是凭借什么做担保的？这些都令人疑惑不解。

vanke

PART 11

最大赢家

离开了王石，万科还是万科吗？

历时近两年的万科股权之争终于告一段落，最终，“野蛮人”还是没能如愿以偿，万科管理层依旧守住了自己的成果。仅从这场股权大战的最后结果来看，各方虽然都各有损失，但也均有收获。如果非要选出最后的大赢家，那应该非万科管理层与深铁莫属。当然，恒大与华润也从中获利匪浅。

其实，在这场股权大战中，所有的参与方都负有一定的责任，毕竟若不是它们进来搅局的话，战况也不会如此激烈，更不会持续这么久。好在最后有证监会和保监会出来主持大局，才及时制止了战火的进一步蔓延与恶化。

从“万宝之争”中我们可以发现，即使是实力强悍的“野蛮人”，只要不遵守市场规则办事，即便已经将目标公司抓在手中，最终还是会落得“竹篮打水一场空”的结局。因此，那些渴望获取其他企业劳动成果的资本大鳄，不妨将心思多放在“正道”上，而不要自寻烦恼。

一场严重影响企业正常运营的纷争

万科管理层很早就知道股权分散的弊端，他们也曾试图通过合伙人制度增强自身的力量。但是事情往往总是出人意料，资本力量的强势来袭让他们措手不及。

“宝能系”的强势来袭让万科管理层感到惶恐不安，毕竟他们与华润和平相处了十多年，早就形成了一定的默契。这次宝能系的态度又根本无法掌控，它到底是来做“投资者”还是来“争夺话语权”，谁都不好说。在未弄清楚“宝能系”的目的前，万科管理层只好选择与之对抗。

直到现在，这场旷日持久的股权争夺战终于落下帷幕。只是华润和恒大退出，王石退位，万科管理层与深铁合作。万科股权架构暂时稳定，万科管理层持股以及深铁持股力量已然超越宝能，“宝能系”想要控股万科恐怕是不可能了。

值得一提的是，虽然万科饱受股权之争的困扰，但是做大规模却一直是其坚守的目标。根据万科发布的公告，其2016年的销售金额为3647亿元，低于恒大的3747亿元，排在行业第二名。虽然万科的销售额增长很明显，但是失去行业老大的地位却是件极具打击性的事情。

股权之争对万科的销售影响有多大，暂时难下结论。但是在2016年6月，万科管理层一位负责人表示，“宝能系”等提出罢免董事会全体成员的提议，对万科的经营产生了不利影响。众多企业都暂停了与万科的合作，就连银行也开始重新评估万科的信用等级，万科的经营压力非常大，管理团队力不从心。

万科股权之争带给行业的启示就是，不应该影响到企业的正常运营与管理层的正常持股。因为作为上市公司股东，获利才是终极目标，而标的公司的销售业绩是评判一家企业拥有多大潜力的重要标准。所以，其他房地产企业也需要思考股权分散的问题，毕竟这是保护创始人利益以及实现最佳股权治理的关键。或许在未来，引入更加多元化的战略机构投资者会成为传统房企转型的重要手段。

万科之所以成为“宝能系”举牌的目标，关键是它完全符合资本大鳄的举牌要求。万科停牌前的价格为每股20.4元，而深铁却以每股22元的价格接盘，其中隐藏着7.8%的溢价。深铁溢价接盘的做法，意味着新晋股东非常认可万科的价值，这或许能够进一步强化举牌资本布局优质股的优越性。

经过“宝能系”与恒大等大股东的轮番增持，万科A股价格从2015年年底开始大幅度增长。万科此前担心的举牌资本重金介入后的退出以及可能面临的投资风险问题，现在看来都不是什么大问题。因为深铁溢价接盘的行为，实际上就是认可了万科A，这也使得“宝能系”与恒大等大股东的投资风险持续降低。

在2016年7月复牌后，万科股价曾连续下跌，致使宝能旗下的资管计划一度面临平仓的危险。但是从2015年11月2日开始，万科A的股价累计涨幅超过50%，最大涨幅达到100%。专家表示，正是深铁的溢价接盘大幅度降低了“宝能系”等大股东的投资风险，而深铁的成本价非常高，这说明它特别看好万科的后续净收益。

“宝能系”等资本投资万科的情况，也许会成为影响整个资本市场的指示灯。如果“宝能系”投资万科获胜，那就会促使更多的实力资本方布局“优质超级股”。届时，A股市场将会面临新一波举牌风潮。但只要以长期稳定投资为目的，举牌就更有利于稳定资本市场以及促进上市公司的发展。

当大潮退去时，万科会不会“裸泳”

“股神”巴菲特曾经说过：“在资本市场，只有当大潮退去时，才知道‘裸泳’的是谁。”这句话非常适用于如今的中国房地产行业。

2016 年 10 月，国内房地产调控加强，证监会、银监会等机构对融资的管控力度也迅速加大。2017 年 2 月伊始，中国证券投资基金会宣布暂时不备案投资于北上广深等 16 座城市的普通住宅地产项目的私募资管方案。因此，在短期内，行业融资成本仍将持续下降，但下降空间不大，并将面临收缩的危险。

万科作为中国最出色的房地产开发商之一，其资本运作高深莫测，除具备高效的资金融资通道外，回款率也很高。万科资本运作充分说明，通过各种方式筹集资金，是企业维持运营并增强竞争力的重点。然而，在持续两年的股权之争仍未完全消退的前提下，万科的资本市场融资能力也遇到了较大的困难。

那么，万科这些年又是怎样融资的？

万科进入资本市场 30 年来，通过直接融资的方式获得了巨额资金，而良好的发展态势也更易获得资本市场的认可。在万科的发展史上，曾经有三个典型的资本运作期。

自 1989 年首次发行 A 股至 2008 年，万科股本融资运作了 18 次，涉及多个渠道，前后共融资 191. 73 亿元人民币。仅 2007 至 2008 年，融资额就高达 141 亿元人民币。万科在运用扩大总股本等方式拉低股价、提高股票交易活力之时，也创造出了更多有利条件，总股本还一度增长了 260 倍。

在国家密集出台楼市调控措施的情况下，万科有效收缩了开展土地购置和开发投资等方面的专项资金。现金流动比率调至 1 以下，公司的经营活动资金不足以抵偿流动与投资资金，但是万科仍然通过其他渠道筹集资金以偿还短期债务。自 2008 年以来，万科每年的筹资金额均超过 200 亿元人民币。

万科的融资还呈现出周期性的发展趋势：2008 年—2013 年，筹资行为流入量从 205. 59 亿元增至 551. 28 亿元；2014 年—2015 年降至 350. 3 亿元。其中，取得借款额占现金流入量的 7 成，尤以银行信用等措施为主。

2013 年，中国债券市场发生巨大变化，但是万科却在稳步前进。为此，万科的理由是，强健的经营模式、谨慎的财务运作、良好的信用管理是获得国内外投资者高度认可以及拓展海外融资渠道的重要条件。

自 2014 年起，房地产企业的融资渠道再度开放，再加上万科 H 的挂牌上市，该公司呈现出多平台的融资行径。据相关资料显示，2014 年至 2016 年上半年，万科累计发行 10 次债券，平均利率达到 3. 038%。期间，通过发行公司债券获得了 181. 75 亿元的现金。

此外，在金融创新方面，万科于 2015 年以前海企业公馆为标的资产，设立了“鹏华前海万科 REITs”，成为国内首只公募房地产信托投资基金。

万科又为何重视销售回款?

尽管从2008年开始万科便注重“质量推动效率”，此后五年内的销售额有了飞速增长，但是相应的财务成本压力也随之而来。2008年至2013年，万科经营现金额均在40亿元以下，甚至更低，只有2009年才达到92.53亿元。其中权益乘数达到4.61，这说明万科所使用的财务杠杆正在逐年扩大，也表示万科的资金主要来源于外部筹资，这是个很大的挑战。

万科也意识到，与债务融资、股权融资相比，销售回款是首选的现金流来源，因为它成本低、质量好。所以从2014年开始，万科便越来越重视销售回款。

根据相关数据，在2014年、2015年、2016年这三年间，万科的现金流量净额分别为417.25亿元、160.46亿元、257.97亿元，较以往有很大的提升。截至2016年底，万科的销售额达到3648亿元，回款率更是超过90%。

从财务成本上看，万科的合作开发模式风险低、效率高，可以用小成本撬动大规模，但另一方面，收益并不能归类为利润，无法提高业绩。

那么，当大潮退去时，万科会不会“裸泳”?

万科之所以能实现房地产销售的持续增长，关键还在于事业合伙人机制所达到的团队合作程度。在房地产行业进入“白银时期”后，项目的盈利水平几乎都取决于一线管理团队的实力。

据万科2016年上半年报表显示，跟投项目的开工和开盘时间分别缩短了4个月和5.4个月，营销费用持续降低。尽管如此，股权之争对万科的影响仍在持续。2016年6月末，万科定增引入深铁方案未通过，致使项目拓展面临巨大风险，多家境内外投资机构与银行暂停与万科的合作等。万科原第一大股东华润，在此之前多次向万科做财务投资，为其管理团队提供资金支持，但在股权大战爆发后，交易便立即终止。

事实上，从销售层面上来看，充裕且优质的土地资源是开发商快速增长的重要资本。截至 2016 年年中，恒大的土地储备约为 1. 86 亿平方米，碧桂园累计约为 7687 万平方米，而万科上半年的新增土地储备只有 1260. 1 万平方米，可想而知压力到底有多大。

同时，国内日趋紧缩的融资环境也是造成开发商缺乏安全感的重要因素。2017 年 2 月 13 日，中国基金业协会下发文件，直接终止了私募资管计划在 16 座重要房地产城市的投放计划。这是继证监会和银监会后，相关监管机构再次出台对房地产融资的监管措施。

万科管理层一名负责人在一次会议上表示，根据 2015 年到 2016 年的低利率环境来看，短期内，国内经济增长仍然不会稳定，政府调整利率还是会审时度势。万科在此之前融资成本明显有所下降，高成本的信托融资也被取代，尚未到“裸泳”的程度。

管理层是否要对大股东唯命是从

自从万科股权之争爆发以来，万科管理层与大股东华润之间的矛盾，便成为外界争论的焦点。许多人都认为，万科管理团队与大股东的抗争包含有不遵守规则的行为。但其实，在整个过程中，万科股权之争的各方都是在按规矩办事。

万科的大股东享有提出罢免现任董事会成员的权利，而万科股东大会选举出了现任董事，他们又有维护万科及其全体股东利益的权利和义务。万科管理层如果因为与大股东存在意见分歧，就被指责违反了市场规则，那就太过片面化了。毕竟只要大股东没有绝对控股，那么对于大股东提出来的预案，管理层就有反对的权利，而且对于上市公司来说，即便大股东已经绝对控股，若是他的行为有损害公司利益的危险，管理层仍然有权提出反对意见。

在这方面，2013 年格力电器与其母公司格力集团的争斗就是最典型的例子。

2013 年 11 月，因为持有格力电器 50% 多股权的控股股东格力集团有欺骗消费者的行为，严重损害了格力电器的名誉，所以以朱江洪、董明珠为代表的格力电器对外发表声明称，某些报道格力电器的内容与事实不符，严重误导了广大消费者与投资者。由此，格力电器与大股东格力集团的矛盾迅速激化，最终，格力集团董事长换人，这场风波才得以平息。

上市公司的管理层首先应该考虑到的是公司及全体股东的利益，而不应该凡事以大股东为主。此前，“宝能系”宝能和华润分别持有万科 25.0% 与 15.24% 的股权，占据第一和第二大股东之位。但尽管如此，万科的中小股东还持有 59.76% 的股份。原管理层只要未被踢出公司，就有权利依法履行职责，维护公司及全体股东的权益。

对于现代上市企业而言，大股东的地位固然特殊，但绝非不可侵犯。万科管理层用自己的实力证明了万科企业文化的优异属性，面对“野蛮人”的汹汹来袭，他们又怎么可能不奋起反抗，以捍卫自己的企业文化？这其实也是在守护全体股东的利益。哪怕华润倒向“宝能系”，万科管理层也不能束手就擒，一味只听取华润的意见。

倘若广大中小投资者认为万科管理层没有那么高尚，他们誓死捍卫的只不过是自己的地位，那么中小投资者也可以联合其他大股东将他们踢出局。但是只要万科管理层还未被赶出去，他们就仍然是经过股东大会选举出来的合法董事，依然有权行使自己的权利。

在这场持续已久的股权之争中，万科管理层之所以与大股东“作对”，除各方意见大有不同外，最重要的原因就是万科股权结构较为分散，董事会的构成也很独特。

万科的董事会由 11 名董事组成，其中，万科和华润各有执行董事 3 人，另外还有 1 名由华润提名的独立董事，其余 3 名独立董事和 1 名外部董事。因此万科董事会是由大股东、管理团队和外部董事、独立董事三方相互制衡。这样的董事会架构，预示着大股东或管理层都无法肆意妄为，所以华润和“宝能系”指责万科内部管理团队控制的说法很不合理。而且这种董事会结构要优于一股独大的上市公司董事会，能使万科得到更好发展。

事实上，上市公司最大的弊端就是一股独大，其利益也因此备受大股东的影响。然而在中国的股票市场，大股东一股独大的现象非常普遍。尤其在2000年，上市公司大股东利用自身的特殊地位，掏空了许多上市公司的利益。为了改变这种混乱的局面，证监会展开了一系统清理行动，严厉打击了此种“损利行为”。虽然这种情形有所改善，但也偶有发生。

通过观察中国资本市场可以发现，上市公司大股东之所以会乐此不疲地掏空上市公司的利益，是因为绝大多数上市公司的董事会及其管理团队总是姑息纵容，市场和广大中小投资者根本看不到他们反抗的身影。

未来，若是万科成为其他企业的控股子公司，而对方又一股独大，并改组万科董事会，那么万科董事会很可能会被大股东控制。这对万科的广大中小投资者并非好事，万科管理层需要的也绝对不是一个“一言堂”的大股东。

此外，万科股权之争也让我们看到了，以王石为代表的万科管理层似乎只求发展，不求控制权。比如，万科管理层在充分发挥员工主观能动性的基础上，让他们自由开拓公司业务，但并未处理好公司的股权分配问题。管理层没有充足的股份，无法更好地享有对公司的实际控制权，再加上保障机制不够完善，无法制止第三方投资者的融入，控制权被转移，风险便进一步加大。

因此，在“万宝之争”发展初期，除王石外，万科管理层的大部分人都没有明确反对“宝能系”的大规模购入股票，因为他们知道自己只不过是一个职业经理人，唯一的职责就是管理好公司，将企业经营好，至于谁坐大股东的位置、实际控制权又会落入谁手，这些不是特别重要，只要这个股东不把他们赶出公司就好。

再者，“宝能系”购买万科股票与股民购买股票没什么区别，只不过它买的太多，有可能成为万科的实际控制人罢了。但是为何会引起轩然大波呢？这就要说到王石与万科的密切关系了。

作为万科创始人，三十多年来，王石带领着万科管理团队，将万科发展成为世界上最优秀的住宅房企。人们甚至认为王石就是万科，万科就是王石。眼看自己一手养大的“孩子”就要被人夺走，并且这个人还不利于孩子的未来成长，王石又怎么可能甘心放手呢？不过，“孩子”也是一个独立的个体，王石也无法永远控制它。

同样，作为一家上市公司，万科的归属权在全体股东手上。毕竟它是大众企业，而非王石个人所有。在这样的企业，谁拥有的股份最多，谁说话的声音就最响亮，拥有的控制权就最大，这也是资本市场的常态。因此，大家都认为王石的反对源于情怀。但资本市场只看实力，你多看重感情都无济于事。

所以从现在开始，以王石为代表的万科管理团队更应该重视控制权，只有将控制权牢牢抓在手上，万科才是他们自己的万科。不过，万科毕竟是上市公司，能否获得控制权还取决于股权数量的多少。因此，王石再也不能像对多年前那样“慷慨无私”，而应该想办法占有更多的股份。

解读万科股权争夺战背后的玄机

尽管万科股权之战已然告一段落，但仍有诸多悬念让人始终无法参透。其实在万科看来，华润才是自己的“原配夫人”，虽然长期“投资不干涉”，但拥有绝对的话语权。而华润如果要行使权力，就必须过国资委这一关，因此，国资委就像是万科的“守护神”。华润最后将万科股份悉数转给深铁这一做法，让深圳国资委感到万科最终还是回到了深圳国企的怀里。

万科原本就是深圳国企，最终的“回归”是情理之中的事情。王石为了解决控制权的问题，才在万科内部构建了所谓的“职业经理人”文化。在职业经理人的影响下，万科管理层将万科看作“个人所有物”，从而控制万科的体制。但是当万科管理层试图通过隐秘的信托计划进一步行动时，机智而又狡猾的姚振华杀进来，迅速夺得万科第一大股东的位置。

之后，一群中小股东和独立董事开始商讨如何驱逐门外的“野蛮人”。于是，收到消息的姚振华大发雷霆，直接要求“罢免”万科董事会和监事会全体成员。然而，姚振华似乎忘了，规则之上还有法律。他对上市公司的相关法规还是不够了解，他不知道持股不足 6 个月的新股东，并不享有董事会的提案权。

PART 11

最大赢家

离开了王石，万科还是万科吗？

一直以来，万科都被认为是中国“治理水平最高的公司”。但是“公司治理”与“公司管理”有本质的区别，管理水平高并不代表治理水平高。因为治理公司的是股东和管理层，目标是让管理层做好本职工作，为股东创造价值；而管理公司的最终目的是发展企业，为客户服务。

然而，万科的“职业经理人”文化其实就是王石的“个人臆想”，因此，万科虽然是一个管理水平很高的企业，但治理水平却很低，甚至万科管理层都可以随意指责新老股东。万科管理水平高是因为管理层始终以万科的发展为目标，全心全意创造价值。可是这也反映出万科只有“老板文化”，缺乏“职业经理人文化”。

2016 年，万科销售业绩被竞争对手恒大超越，但是在公司负债率升至 80%时，管理层的薪资却提高了 20%，这或许会让人觉得管理层的“情怀”有些虚伪，但这就是万科这个中国最优秀的企业的现实。

万科股权之争中至少出现四次令人大跌眼镜的事，我们来逐一回顾。

（1）“野蛮人”势在必得“唐僧肉”。2015 年 1 月，“宝能系”旗下的前海人寿开始大量买入万科股票，当年 7 月 10 日，“宝能系”持股比例达到 5%的举牌红线。之后，在钜盛华与前海人寿两家子公司的协助下，宝能最终持有 25. 4%的万科股份，超越华润成为万科第一大股东。

作为房地产行业的标杆型企业，万科所有权和经营权的分立模式一度被认为是现代企业管理制度的典范，股权结构也一直处于稳定状态，而宝能的突然来袭实则出乎意料。据说，宝能之所以这么猖狂，不仅是看好房地产行业，更是想通过控股万科获得更多的资源。

万科到底在哪些方面得到了“宝能系”的青睐呢?

据相关资料显示，2016年，万科的销售面积达到2765.4万平方米，同比增长33.8%；销售总额为3647.7亿元，同比增长39.5%；营业收入为2404.77亿元，同比增长22.98%。所以，万科成为了行业内的“唐僧肉”，对“宝能系”这个“妖精”充满了诱惑力，姚振华又怎么可能不动心?

（2）各方联手，有成功亦有失败。当宝能以迅雷不及掩耳之势闯入万科时，以王石为代表的管理层决定奋起反抗，全力狙击“野蛮人”。此时，大家都以为万科的老靠山华润一定会出手相助，但结果却令人大跌眼镜。除了在2015年9月1日小幅增持万科股份外，华润一直是沉默以对。

眼看华润这个老朋友靠不住，万科管理层只好另谋他路——找到深圳“地头蛇”深铁集团，拟通过发行股份购买深铁旗下资产的方式获得更大的支持，以逼退“宝能系”。此计划一出，外界都认为深铁的介入会形成多方共赢的局面，这轮股权之争很有可能就此画上句号。

但引入深铁这一方案遭到了“宝能系”与华润的联合反对，当时，“宝能系”和华润持有万科的股权已接近40%，完全有能力破坏这一计划的实行，因此，引入深铁这一计划最终胎死腹中。

对于华润为什么会抛弃万科管理层，万科独董华生表示，华润这么做的一个主要原因可能是，作为央企，不能持续增持以助他人高位套现。

（3）恒大突袭，股权之争再生事端。正当万科股权之争进行得如火如荼时，又一个大企业参与了进来，那就是恒大集团。作为中国老牌房地产大鳄，恒大早已在港股上市，只不过在内地资本市场上的动作并不多。自 2015 年 7 月起，恒大斥资 362.73 亿元购入了万科 14.07%的股份。

事实上，恒大觊觎万科已久，许家印在一次发布会上就曾表示，万科是中国最优秀的房地产企业之一，恒大对于万科的经营模式和理念非常感兴趣。

（4）监管部门终出手，最大接盘方是深铁。随着万科股权之争的发展，众人都以为万科管理层会被踢出局，但是新一轮的翻转又开始了。这是监管层的“功劳”。

在很长一段时间内，相关部门都只是观望万科股权之争，直到险资在资本市场疯狂扫货，监管层才决定出面干涉。最后，保监会裁定“宝能系”的前海人寿与“恒大系”的恒大人寿都存在严重的违规行为，并对前海人寿总负责人姚振华做出禁入保险行业 10 年的处分，对恒大人寿做出限制股票投资一年的处分。

经过将近两年的发展，万科股权之争终于出现了新曙光。2017 年 1 月 12 日，华润将持有的 15.31%的万科股权悉数转让给深铁，而持有 14.07%股权的恒大也表态将所持股份转让给深铁。至此，万科管理层有了更大的筹码来对付“宝能系”这个“野蛮人”。

股权之争后，万科是否还是万科

从 2015 年开始，“万科”就屡次荣登热搜榜第一位。然而，在“野蛮人”强势入侵下，万科仍位于世界 500 强企业之列。那么万科到底是一家什么样的企业？股权大战结束后，尤其是王石退位后，万科还是原来的万科吗？

从万科 2016 年发布的年报中可以看出，它几乎没有受到股权大战的太大影响，至少在销售业绩上，万科依然值得同行业羡慕。

在那份报表中，万科管理层依旧用最走心的词语表达着内心的感受，其中写道：“尽管这一年多来，我们遭遇到了前所未有的打击，但是面对这一切，我们不忘初心，始终坚守着最初的理念与万科的企业文化，誓死捍卫这得之不易的成果。我们知道，幸福与忧虑的边界有时候并不清晰，可是这又有什么大不了的？……无论何时，我们都会与广大股东站在一起，共同迎接一个又一个挑战。”这种情感爆棚的表述，或许只有内心拥有无上情怀的人才能写得出来吧！因此，万科管理层的“情怀”并不是胡乱说说的，他们确实一直在以情怀促发展。

从一些数据上可以发现，虽然万科在 2012 至 2014 年的总资产报酬率、总资产净利率、投入资本回报率都所有下降，但是在 2014 至

2015 年进入了上升期，2016 年又轻微下降。所以，这场股权之争确实导致了万科 2016 年的总体效益衰退，但这只是轻微的。

在销售毛利率和净利率方面，万科的毛利率水平一直保持得很好，尽管在 2015 年有些下降，但是 2016 年却上升了许多，达到了 25. 47%，净利率从 2015 年的 14. 06% 下降到 2016 年的 12. 37%。尽管 12. 37% 的净利率与其他房地产公司相比仍属上乘，但与万科此前的数据相比却下降了 1. 69%。这表明，这场股权大战的确分散了万科的精力。不过，“瘦死的骆驼比马大”，万科只要没有失去市场竞争力，重振雄风的机会还是有的。

盈利能力是下降了一点，但是该投入的地方还是不能松懈。从个别费用的指标来看，万科在 2016 年的变化还是很大的。万科 2015 年的销售费用率只有 4. 79%，可是其他房企都超过了 5%。到了 2016 年，万科的销售费用率指标就上调至 5. 64%，比 2015 年增长 0. 85%，主要增长点分布在管理费和财务费上。

事实上，从 2012 年至 2016 年，万科的营收和净利润始终是稳步增长的，但是增长速度的差异性很大。比如 2015 年，营业收入与净利润同比增长率分别达到 30% 和 34. 54%，而 2016 年仅为 24. 2% 和 9. 25%，净利润更是跌至 10%。

从能够反映经营状况的各项指标上看，营业周期、存货周转日期、应收账款周转期限等都有所下降，足以证明这些资产活动的时间在锐减，同时也表明，周转速度越快，效率就越高。

与 2015 年相比，总资产周转率、存货周转日期变化不大，这进一步说明了万科还是以前那个实力雄厚的万科。如此，即便盈利大不如前，只要效率不减，万科依然可以扭转乾坤。

在负债情况上，随着规模的不断扩大以及相关费用的增加，万科的资产负债率正在逐年攀升，2016 年已经超过了 80%。但是负债的结构也随之发生改变，流动负债率有所下降，非流动负债率日渐增加，因此，万科的负债结构正在悄然优化。

从速动比率的状况上看，万科的短期偿债能力还是很强的。2016 年的速动比率比 2015 年上升一点，达到 0. 44。也就是说，当前的这点债务根本就算不了什么，万科有能力偿还。

不管从哪个角度上看，万科都是一家优秀的企业，虽然遭受了股权大战的洗礼，但是它的总体实力依旧令人刮目相看。也可以说，万科还是一块令人垂涎欲滴的“唐僧肉”，那些资本大鳄还是有可能盯上它。万科作为一个名副其实的“高富帅”，虽然短期发展确实受到了一定的影响，但仍然“不差钱，不掉价”。只要近期内不再出现“野蛮人”，万科不久就可以恢复如初，成为原来那个强大的“万科”。

万科争夺战谢幕：谁才是真正的最终胜利者？

历时两年的万科股权大战宣告终结，万科管理层与深圳地铁联合，运用“期限”彻底绝杀宝能，王石退出，郁亮掌权。

在深铁所提出来的换届临时提案中，11名董事候选人，独立董事和非独立董事各占4位与7位。后者中，万科管理层与深铁各有3名，另有1位是外部董事。然而第二大股东宝能以及第三大股东安邦，却并无一人入选。

在这场精心设计好了的“棋局”中，一来，因为恒大的“让贤”，深铁成为万科董事会中“连续180个交易日单独持有公司3%以上股份的股东”；二来，这个临时提案的出现，完全符合“股东应当在股东大会召开前10天提出临时提案”的规定。如此，宝能在6月21日看到万科所发布的公告时，已经超出了临时提案的期限，致其无权再提出董事候选人，所以持有万科25%股权的宝能只享有表决权。

而且在银根紧张的情况下，宝能将投资万科股权的浮盈变现或许才是最佳决定。因为从2015年开始，宝能共耗资460亿元购买万科28. 04亿A股，平均持仓成本约为每股16. 04元。以2017年6月22日万科A股每股21. 88元的收盘价来看，浮盈大概在150亿元左右。

在深圳地铁的公告中，表示提案已经事先征求了万科各大股东的意见，可是却有消息透露，宝能的缺席可能是受到了某些方面的“威胁”。因为在万科董事会确定改选前的某一天，宝能便收到来自相关部门的通力合作的“暗示”。陷入“危情”中的宝能，只能表示绝对服从。

在这次董事会提案中，向来力挺万科管理层的独董华生未获提名，为此他表示：“有关规定表明独董的任期不得超过两年，而我已经到期了。再者，我所推荐的董事已经被顺利提名了，这就是最好的结果。”外界纷纷猜测，华生所提名的对象正是因披露A股上市公司蓝田股份的造假而出名的中央财经大学中国企业研究中心主任刘姝威。

与之前最大的区别就是，这次董事会提名的席位明确显示出万科管理层将受到来自深圳国资委、深铁集团的强力控制。毕竟其中具备深圳政府背景的人，与万科管理层的比例达到5：3。

据业内人士分析认为，深铁的入主，不仅控制了万科，而且也为万科的未来发展提供了更多的有利资源，对万科后续的业绩和地位有很大的帮助。并且在郁亮掌权时期，万科在商业地产方面也会有较大的开拓。但是倘若万科股价仍然处于低迷状态，就算深铁背景再怎么强大，也可能“无力挽救”。毕竟深铁买入万科股权的资金，有六成源于银行贷款。

然而在万科新一届董事会中，到底谁会成为主导？

根据换届提名名单显示，郁亮、林茂德、肖民、陈贤军、孙盛典、王文金、张旭为非独立董事候选人；康典、刘姝威、吴嘉宁、李强为独立董事候选人；解冻、郑英为监事会非职工代表监事候选人。

从中可以发现，执行董事中有三人来自万科管理层，并且都分别担任要职。另外三名来自深圳地铁，在深圳地铁集团内部地位非同一般，而执行董事孙盛典则是深圳赛格集团有限公司的掌门人。只有独立董事候选人刘姝威有些例外，她曾接连发布众多文章，表达对“万宝之争”的不同意见。另几位独立董事候选人，康典、吴嘉宁、李强分别来自新华人寿保险、会计师事务所以及前海金控。

在非独立董事候选人中，孙盛典被提名令人很是困惑。他是深圳市国企赛格集团的掌门人，可是万科A的前10大股东中，赛格并不位列其间。原来，万科历来就有外部董事入席的例子，所以孙盛典的加入并不稀奇。

两名监事会候选人解冻和郑英分别隶属万科与深铁，所以无论从哪方面来看，深圳地铁和万科的力量都不相上下。而孙盛典与另4名独立董事的立场，将左右双方的地位。

这次董事会的换届局面表明，万科已经失去了原来的样貌。终究没有任何一家企业的第二大股东，能够像拥有25.4%股权的宝能那样，在13名董事中一杯羹都未分到。

更为悲剧的是，在这次换届的提名董事中，刘姝威在此之前虽然曾经连续发表多篇文章批判宝能的做法不道德，但她所支持的对象并非万科，而是深圳地铁。所以这次股权大战的最大赢家不是花费数百亿购买股权的“宝能”，而是深铁。或许很快宝能也会把万科股权悉数专卖给深圳地铁，到时候亏多少，也就毫无计算的意义了。

这场股权大战的核心就是一手打造万科的王石，不想让任何人威胁到万科管理层的地位，因此才会在这三十多年里，多次打败“野蛮人”的强势侵袭。其实王石与“野蛮人”的关系非常复杂，毕竟万科想要快速发展，引进资本是必然的。可是投资人如果在万科毫无话语权，那么谁还会投资万科？

王石从来都不曾将自己的去留看得很重，但对万科文化的延续却极为重视。他曾经毫不避讳地说过：“倘若郁亮能够接替我的位置，那么我完全可以离开万科。而离开万科并不是一时冲动，而是很久之前便做出来的决定。至于未来打算做什么，我暂时还没有想好。”

vanke 后记

王石时代已去，郁亮要如何守护万科？

2017 年 6 月 30 日下午，万科召开了 2016 年股东大会，会议通过了董事会及监事会的换届选举提案，一切终于尘埃落定。

然而在此之前的 6 月 21 日，王石却在朋友圈发了一张攀登珠峰时与郁亮的合影照片并写道：万科新一届董事会成员候选名单已经公布出来了，而我决定不再做万科董事。事实上，自我当初放弃股权那刻开始，万科就变成了一家混合所有制企业，它是一个集体大作，是众人的心血。这番话似乎又一次掀起了轩然大波。但无论结果如何，万科属于王石的时代已经过去。

据业内人士透露：“虽然这些年来王石依然掌管着万科的某些权力，但他只是精神上的领导者，真正的当政者应该是郁亮。这次郁亮接任后，万科的业务不会有太大变化，毕竟深圳地铁在地产业的经验始终比不上万科原管理团队。所以至少在短期内，不会太过干预万科的事务。”

这场期待已久的万科董事会终于召开，郁亮毫无悬念地担任了董事长。此前针对万科上一届董事会早已超期，郁亮的回答是“你懂的”。直到一切都盖棺定论了，万科董事会的改选才步入正轨。

2017 年 6 月 21 日，万科突然对外发布公告宣称，深圳地铁在 19 日向董事会出具了一份提案函，提请在 2016 年度股东大会中添加选举董事、监事和独董三项临时方案。其中，深圳地铁与万科分别各有 3 名董事候选人：林茂德、肖民、陈贤军，郁亮、王文金、张旭。另外还有 1 名外部董事孙盛典以及 4 名独立董事：李强、吴嘉宁、刘姝威和康典。

而深圳地铁在进入万科后，必定会将地铁地上建筑融入万科。同样，万科亦会拓展与地铁有关的地产业务。

目前，万科各个股东的持股比例分别为：深铁 29.38%、宝能 25.40%、安邦 7.18%。这三大股东的持股总额超过了 60%，除掉其他一些零散的持股数额外，万科A只有 10% 左右，股权结构较为集中。

但是这场股权大战的发起者、退居第二大股东之位的宝能，在此次董事会中的表现太出人意料。它不仅拒绝推荐自己的董事人选，而且对董事会的人选名单也不发表任何意见，这种极为“不正常”的表现实在令人难以捉摸。毕竟在 2016 年 6 月 26 日，宝能还曾向万科董事会提议罢免包括王石和郁亮在内 7 名董事，以及华生、罗美君等 3 名独立董事和两名现任公司监事的职务。

然而在当年年底，证监会领导忽然严厉地指责某些险资恶意操纵资本市场，扰乱了实体行业的发展，目标直指“宝能系”。2016 年 12 月 5 日，保监会也突然宣布停止宝能旗下的前海人寿开展万能险新业务。因此有人认为，尽管宝能想拥有董事会的职位，可是迫于监管层的态度只能选择放弃。在此之前，宝能始终未将股权转让出去的原因，或许就是想要派遣自己人进入万科董事会，可是如今看来这是不可能的了。不过，尽管计划失败，但也不排除宝能之后会转让股权从而退出万科。可是从目前的形势来看，“万宝之争”已经彻底告一段落，宝能若退出只会利于万科引进其他投资人。

而王石在逼退宝能稳定权力后，却突然宣布让位于郁亮的理由，或许在于郁亮始终与其共同进退。

自 2001 年担任万科总经理后，郁亮在万科拥有重要的地位。在他主政期间，万科的发展有目共睹，比如 2010 年，万科的销售总额便超出 1000 亿元人民币；6 年后，更是高达 3647. 7 亿元人民币。

郁亮做事一向稳重，万科在地产业的风生水起他功不可没，所以郁亮非常适合在万科工作。万科一直以住宅地产为主营业务，而深圳地铁的地产多为商业地产，二者业务并不相同，因此在董事会改选后，深圳地铁对万科业务的干涉不会太过强烈。而郁亮担任万科董事长不但有利于稳固经营和管理团队，而且还能够解决各类股权问题以及促进万科业务的蜕变。

王石时代已去，郁亮与深铁的磨合才刚刚开始，在今后漫长的岁月里，这两家大型企业将会在中国这片土地上创造出怎样的奇迹，我们拭目以待。